PSYCHODYNAMIK **Kompakt**

Herausgegeben von
Franz Resch und Inge Seiffge-Krenke

Heiko Dietrich

Geschlechtsdysphorie und Transidentität

Die therapeutische Begleitung von Trans*Jugendlichen

Vandenhoeck & Ruprecht

Bibliografische Information der Deutschen Nationalbibliothek:
Die Deutsche Nationalbibliothek verzeichnet diese Publikation in der
Deutschen Nationalbibliografie; detaillierte bibliografische Daten sind
im Internet über https://dnb.de abrufbar.

© 2021, Vandenhoeck & Ruprecht GmbH & Co. KG,
Theaterstraße 13, D-37073 Göttingen
Alle Rechte vorbehalten. Das Werk und seine Teile sind urheberrechtlich
geschützt. Jede Verwertung in anderen als den gesetzlich zugelassenen Fällen
bedarf der vorherigen schriftlichen Einwilligung des Verlages.

Umschlagabbildung: Paul Klee, Die Sonne, welche die Welt der Farben schon
vorfindet, komplizierte Komposition,1916, Bridgeman Images

Satz: SchwabScantechnik, Göttingen
Druck und Bindung: ⊕ Hubert & Co. BuchPartner, Göttingen
Printed in the EU

Vandenhoeck & Ruprecht Verlage | www.vandenhoeck-ruprecht-verlage.com

ISSN 2566-6401
ISBN 978-3-525-40712-7

Inhalt

Vorwort zur Reihe 7

Vorwort zum Band 9

Einführung 11
   Entpathologisierung im neuen Diagnosesystem 11
   Die Alltagserprobung und der Weg der Transition 12

Erklärungsansätze 15

Behandlungsvoraussetzungen 17
   Therapeutische Begleitung der Alltagserprobung:
   Eine besondere Situation 17
   Die therapeutische Haltung 19
   Die Situation der Trans*Jugendlichen 21
   Diagnostik: Wenn ja, wie? 23

Beziehungsangebote im Erstgespräch 27
   Die Trans*Jugendlichen 27
   Die Eltern 30

Die therapeutische Begleitung 33
   Die Namenswahl 35
   Psychische Störungen 37
   Häufige Themen während der Begleitung 42
   Transnegativität 43

Der neue Körper	45
Familiäre Verstrickung	46
Scham und Selbstzweifel	48
Wann ist ein Mann ein Mann?	50
Sexuelle Selbsterkundung	52
Trauerarbeit	53
Berichte über die Entwicklung des Identitätserlebens	58
Noch nicht sicher …?	58
Trans und wieder zurück?	61
Eine Übung	65
Trans*Jugendliche mit Autismus	66
Fazit	75
Literatur	77

Vorwort zur Reihe

Zielsetzung von PSYCHODYNAMIK KOMPAKT ist es, alle psychotherapeutisch Interessierten, die in verschiedenen Settings mit unterschiedlichen Klientengruppen arbeiten, zu aktuellen und wichtigen Fragestellungen anzusprechen. Die Reihe soll Diskussionsgrundlagen liefern, den Forschungsstand aufarbeiten, Therapieerfahrungen vermitteln und neue Konzepte vorstellen: theoretisch fundiert, kurz, bündig und praxistauglich.

Die Psychoanalyse hat nicht nur historisch beeindruckende Modellvorstellungen für das Verständnis und die psychotherapeutische Behandlung von Patienten und Patientinnen hervorgebracht. In den letzten Jahren sind neue Entwicklungen hinzugekommen, die klassische Konzepte erweitern, ergänzen und für den therapeutischen Alltag fruchtbar machen. Psychodynamisch denken und handeln ist mehr und mehr in verschiedensten Berufsfeldern gefordert, nicht nur in den klassischen psychotherapeutischen Angeboten. Mit einer schlanken Handreichung von 70 bis 80 Seiten je Band kann sich die Leserin, der Leser schnell und kompetent zu den unterschiedlichen Themen auf den Stand bringen.

Themenschwerpunkte sind unter anderem:
- *Kernbegriffe und Konzepte* wie zum Beispiel therapeutische Haltung und therapeutische Beziehung, Widerstand und Abwehr, Interventionsformen, Arbeitsbündnis, Übertragung und Gegenübertragung, Trauma, Mitgefühl und Achtsamkeit, Autonomie und Selbstbestimmung, Bindung.
- *Neuere und integrative Konzepte und Behandlungsansätze* wie zum Beispiel Übertragungsfokussierte Psychotherapie, Schematherapie,

Mentalisierungsbasierte Therapie, Traumatherapie, internetbasierte Therapie, Psychotherapie und Pharmakotherapie, Verhaltenstherapie und psychodynamische Ansätze.
- *Störungsbezogene Behandlungsansätze* wie zum Beispiel Dissoziation und Traumatisierung, Persönlichkeitsstörungen, Essstörungen, Borderline-Störungen bei Männern, autistische Störungen, ADHS bei Frauen.
- *Lösungen für Problemsituationen in Behandlungen* wie zum Beispiel bei Beginn und Ende der Therapie, suizidalen Gefährdungen, Schweigen, Verweigern, Agieren, Therapieabbrüchen; Kunst als therapeutisches Medium, Symbolisierung und Kreativität, Umgang mit Grenzen.
- *Arbeitsfelder jenseits klassischer Settings* wie zum Beispiel Supervision, psychodynamische Beratung, Soziale Arbeit, Arbeit mit Geflüchteten und Migranten, Psychotherapie im Alter, die Arbeit mit Angehörigen, Eltern, Familien, Gruppen, Eltern-Säuglings-Kleinkind-Psychotherapie.
- *Berufsbild, Effektivität, Evaluation* wie zum Beispiel zentrale Wirkprinzipien psychodynamischer Therapie, psychotherapeutische Identität, Psychotherapieforschung.

Alle Themen werden von ausgewiesenen Expertinnen und Experten bearbeitet. Die Bände enthalten Fallbeispiele und konkrete Umsetzungen für psychodynamisches Arbeiten. Ziel ist es, auch jenseits des therapeutischen Schulendenkens psychodynamische Konzepte verstehbar zu machen, deren Wirkprinzipien und Praxisfelder aufzuzeigen und damit für alle Therapeutinnen und Therapeuten eine gemeinsame Verständnisgrundlage zu schaffen, die den Dialog befördern kann.

Franz Resch und Inge Seiffge-Krenke

Vorwort zum Band

Transidentität ist als ein gesellschaftliches Phänomen heute nicht nur einer öffentlichen Diskussion breiter zugänglich, sondern auch in den Praxen von Psychotherapeutinnen und Psychotherapeuten angekommen, indem immer mehr Anfragen bezüglich einer Begleitung der sogenannten »Alltagserprobungen« gestellt werden. Trotz einer Liberalisierungs- und Entpathologisierungstendenz bezüglich geschlechtlicher Diversität sehen die Verfahrensrichtlinien nach den S1-Leitlinien zum Vorgehen bei Transidentität eine Beteiligung von Therapeuten für die Jugendlichen vor, um bei einem Wunsch nach geschlechtsangleichenden medizinischen Maßnahmen einen mindestens einjährigen »Alltagstest« zu durchlaufen.

Moderne Theorien zur Geschlechtsentwicklung gehen über ein Konzept »starrer Zweigeschlechtlichkeit« hinaus und beschreiben einen lebenslangen Prozess, in dem auf somatischen, psychischen und sozialen Dimensionen männliche und weibliche Anteile in unterschiedlicher Mischung eine individuelle Selbstorganisation ermöglichen. Die meisten Trans*Jugendlichen zeigen im Rahmen der Erprobungsphase nur geringe bis gar keine psychopathologischen Auffälligkeiten. Trotzdem gibt es eine Reihe von Fragestellungen, die durch die therapeutische Begleitung geklärt werden können. Dabei spielt für den Therapeuten das Dilemma eine Rolle, einerseits den Patienten umfänglich in seinen Bestrebungen zu akzeptieren und andererseits die Bedenken und Sorgen der Eltern zu würdigen, ohne einen Kontaktabbruch von irgendeiner Seite zu provozieren. Viele Kränkungserlebnisse der Jugendlichen vonseiten der Familie, der Freunde, des schulischen Umfelds oder der weiteren sozialen Umgebung sind die Regel. Das Beziehungsangebot an die Jugendlichen und ein Arbeitsbündnis auch mit den Eltern stellen bereits im Erstgespräch eine große Herausforderung dar.

Die therapeutische Begleitung beginnt bereits mit der Namenswahl. Mögliche psychische Störungen – die reaktiv oder aktiv auf dem transidenten Lebensweg entstanden sind – müssen einfühlsam erkannt und verantwortungsvoll berücksichtigt werden. Selbstverletzendes Verhalten oder depressive Symptome können für die Jugendlichen sehr belastend sein. Häufige Themen der Begleitung sind Transnegativität (die Ablehnung des Transseins kann auch die Jugendlichen selbst betreffen), Auseinandersetzungen mit dem »neuen« Körper, familiäre Verstrickungen oder Scham und Selbstzweifel. Sexuelle Selbsterkundungen und Trauerarbeit sollen zur Versöhnung mit der neuen Rolle und dem besonderen Entwicklungsweg führen können.

Das neue Identitätserlebnis steht im Zentrum der Selbsterprobung. Fallbeispiele und ein Gedankenexperiment bereichern diesen Buchabschnitt. Ein spezielles Kapitel ist dem Thema Autismus und Transidentität gewidmet. Das Fazit bleibt: Diese Auseinandersetzung mit sehr intimen Themen und dem Coming-out ist eine außerordentliche Belastung für die Trans*Jugendlichen, wobei den Therapeutinnen und Therapeuten im Umgang mit diesen Themen ein besonderes Fingerspitzengefühl abverlangt wird. So kann die therapeutische Begegnung für beide Seiten zur Bereicherung werden.

Ein wichtiges und ermutigendes Buch!

Inge Seiffge-Krenke und Franz Resch

Einführung

Das Thema der Transidentität ist heute einer breiten Öffentlichkeit aufgrund der medialen Aufbereitung und der gesellschaftlichen Diskussion um Genderkonzepte und Gleichberechtigung zugänglich geworden. In den Praxen von Kinder- und Jugendpsychiater_innen und Psychotherapeut_innen mehren sich die Anfragen zur therapeutischen Begleitung der gewünschten Alltagserprobung im gefühlten Geschlecht. Die Outings der Trans*Jugendlichen erfolgen in einem immer jüngeren Alter und wir beobachten eine deutliche Zunahme der Vorstellungen von Trans*Jungen. Dies spiegelt den Trend in der Geschlechterverteilung während der letzten Jahre mit einem deutlichen Überwiegen von Frau-zu-Mann-Transidentität im Jugendalter wider (vgl. Meyenburg, 2020).

Dem gegenüber steht die kontroverse Diskussion der Fachleute (Korte, 2020; Romer, 2020) über das Vorgehen bei der Begleitung dieser Jugendlichen, über die Einschätzung der Geschlechtsdysphorie und insbesondere über das Einleiten pubertätsblockierender Maßnahmen. Diese festgefahrene Auseinandersetzung blockiert des Weiteren die Veröffentlichung der neuen, weitgehend fertiggestellten evidenzbasierten S3-Leitlinie »Geschlechtsdysphorie im Kindes- und Jugendalter« (AWMF, in Bearbeitung).

Entpathologisierung im neuen Diagnosesystem

Die »Geschlechtsdysphorie und Transidentität im Kindes- und Jugendalter« wird in der 11. Auflage der ICD (WHO, 2018) aus dem

Kapitel der psychischen Störungen entfernt und in einem gesonderten Kapitel zu »Bedingungen in Bezug auf die sexuelle Entwicklung« verschlüsselt. Diese kausale Verschiebung trägt der überfälligen Entpathologisierung der Transidentität Rechnung. Gleichwohl bleibt die Möglichkeit, die Geschlechtsdysphorie in einem Diagnosesystem zu erfassen, bedeutsam – auch im Sinne einer Rechtfertigung der Kostenübernahme für geschlechtsangleichende Maßnahmen durch das Gesundheitssystem.

Die Veröffentlichung der »S3-Leitlinien zur Geschlechtsinkongruenz, Geschlechtsdysphorie und Trans-Gesundheit« im Erwachsenenalter (AWMF, 2018), die die Entscheidungshoheit über die geschlechtsangleichenden Maßnahmen im Sinne eines »informed consent« in die Hände der Betroffenen legt, entfachte im Kinder- und Jugendbereich eine heftige Diskussion über das angemessene Vorgehen bei dieser besonders sensiblen Altersgruppe.

Meiner Einschätzung nach gehört zu einer fundierten Entscheidungsfindung im Sinne des angestrebten »informed consent« der betroffenen Jugendlichen und deren Eltern neben der Kenntnis der somatischen Behandlungsfolgen vor allem die offene Erörterung der relevanten psychodynamischen Hintergründe durch die Therapeut_innen. Der Begleitung dieses Prozesses durch Therapeut_innen kommt deshalb eine überaus wichtige Funktion zu, die mit der Entpathologisierung des Themas und der Liberalisierung des Vorgehens nicht verloren gehen sollte.

Die Alltagserprobung und der Weg der Transition

Nach den S1-Leitlinien zur Störung der Geschlechtsidentität im Kindes- und Jugendalter (Meyenburg, Korte, Möller u. Romer, 2013) ist bei einem bis in das Jugendalter andauernden Wunsch nach geschlechtsangleichenden medizinischen Maßnahmen ein mindestens einjähriger psychotherapeutisch begleiteter sogenannter Alltagstest zu durchlaufen, während dessen die Jugendlichen möglichst voll in der angestrebten Geschlechtsrolle leben sollen. Dies beinhaltet das Finden eines geeigneten Namens, das Outing gegenüber der erweiterten Familie, den Freunden und – so weit es den Jugendlichen möglich ist – auch das Outing in der Schule, um die Lebbarkeit der gefühlten Geschlechtsidentität im sozialen Kontext zu überprüfen.

Möller, Güldenring, Wiesemann und Romer (2014) haben in der Münsteraner Spezialsprechstunde übergeordnete Behandlungsziele für die psychotherapeutische Begleitung von geschlechtsdysphorischen Kindern und Jugendlichen formuliert. Dabei geht es neben der Annahme des Jugendlichen in seinem Sosein unter Beachtung aller Entwicklungsbereiche darum, einen möglichen Zusammenhang zwischen einer psychischen Störung und dem Geschlechtsidentitätserleben zu erkennen. Weitere Ziele liegen darin, das Wohlbefinden während der Alltagserprobung zu verbessern. Familiär geht es dabei vornehmlich um den Aufbau einer unterstützenden Umgebung, die umfassende Information über alle Schritte der sozialen und medizinischen Transition, eine ausreichende Unterstützung bei der Umsetzung der Alltagserprobung sowie die anschließende Reflexion. Auch die Anregung zur Auseinandersetzung mit dem eigenen körperlichen Erleben und der Sexualität sollte nach Möglichkeit vor Beginn medizinischer Maßnahmen erfolgen.

Bei einer deutlichen Geschlechtsdysphorie und noch nicht vollständig durchlebter Pubertät kann schon früh der Einbezug eines auf diesem Gebiet erfahrenen Endokrinologen erforderlich sein. Nach den aktuellen Empfehlungen sollte eine die Pubertätsentwicklung reversibel blockierende Behandlung frühestens nach Beginn der Pubertät, nicht vor Erreichen des Tanner-II-Stadiums erfolgen. Nach einer meist ein- bis zweijährigen Alltagserprobung im gefühlten Geschlecht und in Abhängigkeit von Alter und Einschätzung der Einwilligungsfähigkeit des oder der Jugendlichen ist die geschlechtsangleichende hormonelle Behandlung der nächste Schritt im Rahmen der Transition. Diese erfolgt in der Regel ab einem Alter von 16 Jahren, bei einem frühen Behandlungsbeginn und einer langjährig gesicherten Transidentität in Ausnahmefällen auch von den Leitlinien abweichend bereits ab einem Alter von 14 Jahren. Neben den Jugendlichen selbst sind, bei noch nicht erlangter Volljährigkeit, die sorgeberechtigten Eltern in die Entscheidungsfindung mit einzubeziehen. Die erste geschlechtsangleichende operative Maßnahme bei Trans*Jungen, die Entfernung der Brust (Mastektomie), wird häufig schon vor der Volljährigkeit seitens der Kostenträger genehmigt, da die kaum zu verbergende weibliche Brust in den allermeisten Fällen eine außergewöhnliche Belastung für den betroffenen Menschen darstellt und eine Einschränkung der Teilnahme am Leben bedeutet. Die genitalangleichenden Operationen werden erst mit Volljährigkeit durchgeführt. Jeder der genannten medizinischen Behandlungsschritte setzt eine Indikationsstellung durch auf diesem Gebiet erfahrene Kinder- und Jugendpsychiater_innen oder Psychotherapeut_innen voraus.

Im Sinne des angestrebten »informed consent« nach den Leitlinien steht für mich die Auseinandersetzung mit der eigenen Person, nicht nur im Hinblick auf die geschlechtliche Identität, im Mittelpunkt der therapeutischen Begleitung der Alltagserprobung. Sich selbst besser kennenzulernen, die eigene Lebensgeschichte zu reflektieren und den Einfluss möglicher psychischer Störungen auf den bisherigen Lebensweg einschätzen zu können, sollten hierbei die zentralen Motive sein. Dies sind hochgesteckte Ziele und sicher manchmal kaum erreichbar je nach Schweregrad der psychischen Beeinträchtigung der Betroffenen. Diese Aufarbeitung zu fordern oder einen bestimmten Umfang an Erfahrung als unabdingbar für den Beginn einer geschlechtsangleichenden Behandlung vorauszusetzen ist ethisch nicht vertretbar. Trotzdem sollte das therapeutische Angebot genau diese Möglichkeit beinhalten. So kann es den Jugendlichen und ihren Eltern gelingen, eine für die persönliche Entwicklung gute Entscheidung zu treffen.

Erklärungsansätze

Den Ausführungen von Rauchfleisch (2016, 2019) folgend hat sich keine der psychodynamischen Theorien zur Herleitung eines transidenten Entwicklungsweges als ätiologisch bedeutsam erwiesen. Wir gehen heute von einem multikausalen Geschehen aus, das sowohl genetische als auch biologische und entwicklungspsychologische Einflüsse umfassen dürfte. Ob hinsichtlich jedes transidenten Entwicklungsweges die gleichen ätiologischen Voraussetzungen vorliegen, bleibt weiterhin eine offene Frage (Preuss, 2016). So besteht ebenso wie für die Entstehung der Cisidentität kein allgemeingültiges Erklärungsmodell.

Eine gute Übersicht zu den verschiedenen Erklärungsansätzen medizinischer, entwicklungspsychologischer und sozialwissenschaftlicher Forschung zu diesem Thema findet sich bei Meyenburg (2020), Preuss (2016) sowie Günther, Teren und Wolf (2019). Meyenburg (2019) hat eindrucksvoll den Paradigmenwechsel von der Auffassung, dass eigentlich jeder Transidente eine schwere Persönlichkeitsstörung aufweise, bis hin zur Begegnung auf Augenhöhe mit gesunden jungen Menschen während seiner Zeit in der Kinder- und Jugendpsychiatrischen Spezialsprechstunde der Goethe-Universität Frankfurt beschrieben.

In der Fortführung psychoanalytischer Tradition entwickelte Quindeau (2014) eine Theorie zur Geschlechtsentwicklung, die sich jenseits des Konzepts von »starrer Zweigeschlechtlichkeit« bewegt und nicht mit der Bearbeitung der ödipalen Konstellation endet. Stattdessen schildert sie einen lebenslangen Prozess fortschreitender und komplexer werdender Selbstorganisation. In ihrem Modell beschreibt

Quindeau drei Ebenen des Geschlechterbegriffs: die somatische, die psychische und die soziale Ebene, und verwendet den Begriff der »konstitutionellen Geschlechtervielfalt«. In Abgrenzung zu Stollers Kerngeschlechtsidentität (1968) wird hier unter Bezugnahme auf Reiche (1997) bereits auf der Ebene des somatischen Geschlechts eine Vielfalt von Einflussfaktoren beschrieben. So umfasst das Körpergeschlecht neben den Genitalien auch anatomische, chromosomale, gonadologische, morphologische und endokrinologische Faktoren. In Quindeaus Konzeption sind jeweils auf den Ebenen der somatischen, psychischen und sozialen Dimension männliche und weibliche Anteile gemischt und beeinflussen sich über alle drei Schichten hinweg gegenseitig in einem lebenslangen Prozess der Selbstorganisation und Identitätsbildung. Hier eröffnet sich die Möglichkeit, geschlechtliche Vielfalt als Variante einer normalen und gesunden Entwicklung zu verstehen und nicht als Ausdruck einer defizitären oder pathologischen Konfliktlösung.

Ehrensaft (2016) führt den Begriff des »genderweb«, des Geschlechtsnetzes, ein, das die vielfältigen Faktoren, die zur Herausbildung der Geschlechtsidentität beitragen, umfasst. Die unterschiedlichen somatischen Bedingungen wie auch die Sozialisation und der kulturelle Hintergrund nehmen fortlaufend Einfluss auf die Entwicklung und führen zur Bildung eines stimmigen oder unstimmigen Geschlechtserlebens, »true vs. false genderself«, im Lebenslauf.

Alle Theorien zur Geschlechtlichkeit entstehen vor einem spezifischen soziokulturellen Hintergrund. Sie ermöglichen, die unter ebendiesen Voraussetzungen erhobenen empirischen Befunde zu ordnen und zu verstehen. Aber es ist bislang noch nicht gelungen, ein überdauerndes Erklärungsmodell von Geschlechtlichkeit und ihrer Entstehung zu entwickeln. So wird bei der notwendigerweise reduktionistischen Vorgehensweise im Rahmen einer Theoriebildung die Bandbreite der Wirklichkeit selten umfassend abgebildet. So schließe ich mich Günther et al. (2019) an, die empfehlen, Konzepte zur geschlechtlichen Entwicklung als Vorschläge zum Verständnis zu verstehen, aber offen zu sein für Beobachtungen außerhalb ihres Rahmens.

Behandlungsvoraussetzungen

Therapeutische Begleitung der Alltagserprobung: Eine besondere Situation

Im Folgenden werde ich nun einige Überlegungen zu der besonderen Situation zwischen Jugendlichen und Therapeut_innen zu Beginn der Begleitung der Alltagserprobung anstellen. Diese weicht von den üblichen Behandlungsbedingungen im therapeutischen Praxisalltag deutlich ab: Mit einem inneren Leidensdruck und trotz aller Vorbehalte, die es aufgrund des Alters gegenüber dieser Art von Hilfsangebot geben mag, kommt ein Jugendlicher »normalerweise« hilfesuchend zum Erstgespräch. Es bestehen eine Symptomatik und der Wunsch nach einer Verbesserung seiner Lebenssituation. In den ersten probatorischen Sitzungen geht es dann nicht nur um das Kennenlernen und Überprüfen, ob die Chemie stimmt. Sie dienen dem Therapeuten darüber hinaus zur Entwicklung eines Arbeitsmodells, das er – je nach Vorliebe und therapeutischer Schulung – dem Patienten mehr oder weniger differenziert vorstellt. Es wird ein gemeinsames Arbeitsbündnis eingegangen. In vielen Standardwerken zur therapeutischen Ausbildung wird dieses Vertragsbündnis, die Einigung auf eine Zielvorstellung, als Grundvoraussetzung der therapeutischen Arbeit betrachtet, ebenso wie eine gemeinsame Annahme über die Ursache der Erkrankung oder die zur Entwicklung der Beschwerden führenden Umstände.

Die therapeutische Begleitung der Alltagserprobung hingegen ist, wie schon erläutert, zur Behandlung von Kindern und Jugendlichen mit Geschlechtsdysphorie zwingend vorgegeben und deren Nachweis unentbehrlich für den Beginn der medizinischen Behandlung. So besteht bei Trans*Jugendlichen zunächst ein externer Druck, sich mit dieser Vorgabe auseinanderzusetzen, bevor eine therapeutische Arbeit begonnen werden kann. Besteht eine Symptomatik über die Geschlechtsdysphorie hinaus, wird diese häufig auf selbige bezogen: »So wie ich (noch) bin, traue ich mich nicht, andere Leute anzusprechen« oder »Seit Beginn der Pubertät geht es mir schlecht, ich fühle mich falsch in meinem Körper, ich kann mich nicht mehr mit den anderen freuen, etwas unternehmen. Ich bin traurig, fühle mich falsch als Junge/Mädchen und kann nicht ich sein«. Wohl wissend, dass die Situation als solche eine erhebliche Belastung darstellt, gilt es hier insbesondere, eine Abgrenzung von psychischen Störungen an sich und reinen Folgestörungen vorzunehmen. Folgestörungen aufgrund von Stress durch das Coming-out und die Geschlechtsinkongruenz sind oftmals nach einem erfolgreichen Outing wieder rückläufig.

In unserer Praxis finden sich bei mehr als der Hälfte der Trans*Jugendlichen wenige bis gar keine psychopathologischen Auffälligkeiten, und wir sehen sie nur deshalb in der therapeutischen Begleitung, weil das für ihren besonderen Lebensweg erforderlich ist. Das Spektrum der Fragestellungen dieser jungen Menschen wird häufig als Bereicherung erlebt und Therapeut_innen berichten, wie angenehm anders die Arbeit mit diesen meist gesunden Jugendlichen sei, wie anregend der Austausch und das Beteiligtsein am Auffinden des richtigen Lebenswegs. Gerade für diese Altersgruppe wird hier in einem außergewöhnlich hohen Maß eine Intimität im therapeutischen Prozess beschrieben, der auch die Fragen nach der körperlichen Identität, der Sexualität sowie Themen von Partnerschaft und Nähe mit einbezieht.

Aber selbst bei sogenannten »unkomplizierten Verläufen« sollte man nicht unterschätzen, wie wichtig die Begegnung in der Therapie ist. Durch die offene Akzeptanz des Soseins des jugendlichen Menschen – festgelegt oder noch veränderlich – bietet sich ihm eine Spiegelung und eine Vergewisserung der Selbsterfahrung. Die bloße Annahme, die Begleitung des Lebenswegs und das Teilen der Alltagserfahrung geben den Trans*Jugendlichen die nötige Hilfe, ihren

Weg zu finden. Es entsteht die Möglichkeit, positive Übertragungen aufzubauen und Auseinandersetzungen, die mit Bezugspersonen im wirklichen Leben geführt werden müssen, vorab zu erproben. Oft geht dies mit einer aktiveren Haltung der Therapeut_innen einher. Sie werden im Sinne eines Realobjekts gefordert, da Schamgefühle und soziale Isolation den Austausch außerhalb der Therapie und mit Gleichaltrigen stark einschränken.

Die therapeutische Haltung

Die Begegnung mit Trans*Jugendlichen bedeutet für die Therapeut_innen auch immer eine Auseinandersetzung mit der eigenen Geschlechtsidentität, dem rollenbezogenen Umgang im privaten Raum, in der Partnerschaft und mit den Kindern. Es geht auch um das Verhältnis zum eigenen Körper, insbesondere zu den Geschlechtsmerkmalen, und um die sexuelle Orientierung. Im Zuge der Entscheidungsfindung zu medizinisch angleichenden Maßnahmen können bei den Therapeut_innen Ängste und Sorgen um körperliche Unversehrtheit ausgelöst werden. Neben der grundsätzlichen Akzeptanz, dass es Transsexualität gibt und dass sich der Mensch vor mir als transident beschreibt und identifiziert, braucht es nach meiner Erfahrung vor allem auch eine Offenheit gegenüber den möglichen Verläufen einer Identitätsentwicklung. So können wir im Sinne einer ergebnisoffenen Arbeit zu Beginn erläutern, dass es einen »üblichen Weg« gibt. Dieser schließt die Alltagserprobung, die Pubertätsblockade und die Hormonbehandlung sowie die Operationen und gerichtliche Vornamens- und Personenstandsänderung ein. Aber wir können für den Menschen, der vor uns sitzt, keinen strikten Behandlungsplan, kein festgelegtes Ziel vorgeben, sondern müssen dies mit dem Jugendlichen gemeinsam erarbeiten. So sollte der Jugendliche gründlich und umfassend über alle Schritte informiert sein. Das Tempo des Vorgehens jedoch muss sich seiner individuellen Situation anpassen.

Solch ein Vorgehen bedeutet auch, dass die Therapeut_innen in der Lage sind, die Prozesshaftigkeit der Entwicklung als solche zu akzeptieren. Dies ist häufig verbunden mit Abwarten und Aushalten. Hinsichtlich der Ziele des Jugendlichen und der gewünschten und womöglich noch nicht erreichbaren Fortschritte der Transition geht es um das Aushalten von Widerspruch, Kritik und Ambivalenzen. Einige Familien haben schon mehrere Therapeut_innen oder Endokrinolog_innen kontaktiert und sind dort weiterverwiesen worden. So besteht womöglich eine hohe Erwartungshaltung, endlich an der richtigen Stelle angekommen zu sein. Ein dementsprechend großer Handlungsdruck wird schon im Erstgespräch an die Therapeut_innen herangetragen. Manchen Therapeut_innen bereitet es Unwohlsein, kein festes Therapieregime mit dem Patienten zu besprechen, keine festen Schritte für die nächste Sitzung oder die nächsten Monate in Angriff nehmen zu können. Trotzdem muss den Jugendlichen vermittelt werden, dass man für sie da ist und sie in ihren Überlegungen und ihrem Erleben auch in Zukunft aufgefangen sein werden.

Ein »kritisch nachfragendes« Beleuchten des persönlichen Lebensweges wie auch eine »zu frühe« oder »zu ausführliche« Anamneseerhebung mit den Eltern kann die Möglichkeit des Jugendlichen, sich in den folgenden Gesprächen zu öffnen, erheblich beeinträchtigen. Zu groß sind manchmal die Ängste, die Therapeut_innen könnten sie ablehnen oder nur die Seite der Eltern berücksichtigen. Die Fragen, welche Möglichkeiten der Jugendliche hat, seine Identität im Alltag ohne medizinische Maßnahmen auszuleben, oder wie er mit seinem Leiden an der körperlichen Entwicklung bis zum Beginn der Transition ein halbwegs erträgliches Auskommen haben kann, sind berechtigt. Meist können sie zu Beginn der therapeutischen Begleitung noch nicht gestellt werden und sollten auch im späteren Verlauf nur mit äußerster Feinfühligkeit vonseiten der Therapeut_innen eingebracht werden. Sie könnten vom Hilfesuchenden als grundlegende Missachtung, fehlende Akzeptanz oder ein Infragestellen des Leids verstanden werden. Es stellt die Therapeut_innen oft vor eine große Herausforderung, den Jugendlichen einerseits zu vermitteln, dass sie in ihrer

Selbstbeschreibung umfänglich anerkannt werden, und andererseits die möglichen Bedenken der Eltern ausreichend zu würdigen. Hier gilt es, sich nicht in eine Position drängen zu lassen, sondern allen Beteiligten das Prinzip einer ergebnisoffenen Behandlung zu erläutern.

Die Situation der Trans*Jugendlichen

Im Jugendalter sehen wir eine Entwicklungsphase, in der wesentliche Schritte der körperlichen und seelischen Reifung stattfinden. Verantwortlichkeit der Eltern und Selbstbestimmung der Jugendlichen befinden sich im Übergang und lösen einander ab. In diesem Spannungsfeld kommt dem transidenten Coming-out eine besondere Bedeutung zu: Die Frage nach dem Anderssein, nach der Möglichkeit, sich zugehörig zu fühlen, und dem zukünftigen Platz in der Gesellschaft stellt für viele Betroffene zumindest vorübergehend eine erhebliche Belastung, wenn nicht Überforderung dar.

Güldenring (2009) beschreibt als eine erste Phase der transidenten Entwicklung die innere Wahrnehmung des transsexuellen Erlebens, welche sich in Kindheit, Pubertät oder erst im Erwachsenenalter manifestiert. Hier wird der Beginn während der Pubertät als besonders irritierend beschrieben: sehr nachvollziehbar angesichts der einsetzenden Wirkung der Geschlechtshormone, der Veränderung des Körpers, der Auseinandersetzung mit dem Selbstbild und der Notwendigkeit, die Beziehung zu sich selbst, den Gleichaltrigen und den Erwachsenen neu zu definieren. Dieser Prozess des inneren Coming-outs kann sich über Jahre erstrecken, bis ein Outing gegenüber den Eltern, Geschwistern oder Freunden erfolgt.

Zum besseren Verständnis lohnt ein kurzer Blick auf die Entwicklungsaufgaben, denen sich Jugendliche in der Adoleszenz stellen müssen. Im Alter von zehn/elf Jahren beginnen sich meist die Gruppen der Jungen und Mädchen zu trennen. Mädchen spielen mit Mädchen, Jungen spielen mit Jungen. Der Trans*Junge, der sich noch nicht geoutet hat, findet möglicherweise bei den Jungen, wegen seines Mädchennamens und weil er doch ein Mädchen sei, keinen Zugang mehr und wird ausgeschlossen. Die Mädchen empfinden ihn als fremd und bedrohlich, da er so anders ist und nicht ihre Interessen teilt. Der Trans*Junge selbst kann mit den einen nichts mehr anfangen und bei den anderen darf er nicht dabei sein. Die Folge ist häufig eine soziale Isolation.

Durch die körperliche Entwicklung in der Pubertät wird auch die Auseinandersetzung mit der eigenen Körperlichkeit verstärkt. Die große Verunsicherung, die zu Beginn der Pubertät bei der überwiegenden Zahl der Jugendlichen einsetzt, währt manchmal Jahre, bis die körperlichen Veränderungen in ein positives Selbstbild integriert werden können. Wir kennen die überaus kritische Betrachtung der Jugendlichen ihrer körperliche Entwicklung bei sich selbst und bei anderen, die große Schamhaftigkeit, die gerade zu Beginn der pubertären Entwicklung mit dem »Zur-Schau-gestellt-Sein« einhergeht. Sowohl in den Mädchen- als auch Jungengruppen entstehen unausgesprochen normative Vorgaben, wie man sich zu kleiden hat, wie man sich bewegt, tanzt oder begrüßt und wer mit wem befreundet sein darf. Hier entstehen Spielregeln, die Sicherheit geben sollen, nicht allein zu sein, sondern dazuzugehören. Das Schlimmste, was vielen Jugendlichen in dieser Zeit passieren kann, ist das Gefühl zu entwickeln, anders, nicht normal, nicht zugehörig zu sein.

So verwundert es nicht, dass einige Trans*Jugendliche große Schwierigkeiten zeigen, sich und ihr Erleben in Worte zu fassen. Sie können in diesem Bereich tatsächlich nur auf einen mangelnden Erfahrungsschatz im Umgang und Austausch mit Gleichaltrigen über sich und ihre altersgemäßen Interessen zurückgreifen. Die Spiegelung der Person, die soziale Rückmeldung durch die Gleichaltrigen, bleibt aus. Die Eltern und Geschwister begegnen ihnen so, wie sie eigentlich nicht sind, und die Sprachlosigkeit hält oft bis zum Outing an.

Wichtig ist es, die Sicht der Jugendlichen auf den beginnenden therapeutischen Prozess zu erfassen. Befragt zu dem, was sie sich von der therapeutischen Begleitung versprechen, wird häufig geäußert, dass diese notwendig sei, um Hormone zu nehmen. Sie wird also als Mittel zum Zweck verstanden. Die besser Belesenen beantworten die Frage noch mit den in den gängigen Internetquellen zu findenden Formulierungen wie »die Lebbarkeit der gewünschten Rolle erproben« oder »für sich eine Gewissheit des Identitätsgefühls erlangen«. Diese vordergründige Orientierung an den Vorgaben der Behandlungsleitlinien wird im weiteren Verlauf der therapeutischen Begleitung selten mit Leben gefüllt. An dieser Stelle halte ich es im Sinne der Transparenz und auch als Motivation der Jugendlichen für wichtig, zu klären, was sie als persönlichen Gewinn im Rahmen der therapeutischen Auseinandersetzung mit dem Thema ansehen würden.

Die meisten Trans*Jugendlichen haben eine lange Vorgeschichte von innerer und äußerer Ablehnung erfahren. Der oder die Jugendliche selbst, Freunde oder Freundinnen haben das Outing nicht akzeptiert, die Eltern haben vielleicht bestürzt reagiert und die nach einem sich über Jahre erstreckenden Coming-out endlich erfolgte Offenbarung als Laune, Phase oder jugendliche Spinnerei bewertet. Nicht zu vergessen die häufig mehr oder weniger offen erlebte Diskriminierung.

Viele Kränkungserlebnisse sind leider eher die Regel als die Ausnahme, bevor die Jugendlichen durch die Familie, durch Freunde oder die Therapie eine Unterstützung für sich erfahren können. So sitzen im Erstgespräch nicht selten Jugendliche mit einer großen Empfindsamkeit hinsichtlich der Annahme ihrer Person vor uns.

Diagnostik: Wenn ja, wie?

Die Diagnose der Geschlechtsdysphorie und des transidenten Erlebens ist zunächst einmal eine Selbsteinschätzung. Es gibt keine objektiven Beurteilungskriterien, die dem Behandelnden zur Verfügung stünden (Güldenring, 2013). Bei der diagnostischen Einschätzung ist das von den Jugendlichen berichtete Erleben, dass die körperlichen Geschlechtsmerkmale nicht zu der selbst empfundenen Geschlechtsidentität passen, und der Wunsch, dem anderen statt dem bei der Geburt zugewiesenen Geschlecht anzugehören, richtungsweisend. Eine anschauliche Darstellung der Kriterien findet sich in den bereits erwähnten Leitlinien (AWMF, 2018; Meyenburg et al., 2013).

Die Anamneseerhebung sollte ein mögliches Geschlechtsinkongruenzerleben vor der Pubertät, die Pubertätsentwicklung selbst, die Entwicklung der Geschlechtsidentität, Partnerschaften, Coming-out, Diskriminierungserfahrungen, Familiendynamik sowie selbst vorgenommene Maßnahmen zur Reduktion der Geschlechtsdysphorie und Ressourcen umfassen. Die Fragen hinsichtlich eines geschlechtsatypischen Verhaltens in der Kindheit gehören natürlich zur Anamneseerhebung. Es soll nachvollzogen werden, ob ein besonderes Interesse an Kleidung (Hosen versus Kleider), Schmuck, Spielsachen (Puppen versus Autos) oder Tätigkeiten (Ballett versus Fußball) bis hin zur Lieblingsfarbe (rosa versus blau) des anderen Geschlechts bestanden hat. Solche Fragen gehören sicher weiterhin zur vollständigen Anamneseerhebung, weil niemand außerhalb unseres gesellschaftlichen Kontextes aufwächst. Wenn sich alle Beteiligten hinsichtlich des geschlechtlichen Selbstverständnisses des Betroffenen anhand dieser Beobachtungen einig sind, verleiht dies natürlich Sicherheit. Kritisch anzumerken bleibt allerdings, dass der Nutzen dieser Fragen sehr schnell eingeschränkt ist, wenn beispielsweise Eltern bei der Einschätzung Gegensätzliches berichten. Letztlich sind diese Zuschreibungen gedanklich binären Geschlechterstereotypen verhaftet und sagen häufig mehr über die Anpassungsleistung des Kindes als über sein Erleben aus.

Zumindest in unserem Kulturkreis ist es in den vergangenen Jahrzehnten für geborene Mädchen zunehmend einfacher geworden, sich jenseits gesellschaftlicher Vorgaben auszuleben. Tomboys (vgl. Seiffge-Krenke, 2017) spielen Fußball, interessieren sich für PCs und Kampfspiele und werden gesellschaftlich gerade in der Kindheit nicht mehr als außergewöhnlich wahrgenommen. Ganz anders bei geborenen Jungen, die nicht dem Geschlechterstereotyp entsprechen. »Atypisches« Verhalten im Sinne eines als feminin angesehen Auftretens wird schnell als anders wahrgenommen und hat häufig Ausgrenzungs- und Mobbingerfahrungen zur Folge. Hier liegt vielleicht auch ein

Grund für die Zunahme von Outings transidenter Jugendlicher (weiblich zu männlich) mit Beginn der Pubertät und dem dann sprunghaft ansteigenden Leidensdruck aufgrund der körperlichen Entwicklung mit beginnendem Brustwachstum.

Zur Einschätzung der psychischen Situation von Trans*Jugendlichen insbesondere mit psychischen Störungen sollte eine auf alle Entwicklungsdimensionen angelegte Anamneseerhebung erfolgen. Eine weitergehende psychodynamische Diagnostik – das Einverständnis des oder der Jugendlichen immer vorausgesetzt – zum Beispiel mit der OPD-KJ-2 (Arbeitskreis OPD-KJ-2, 2016) ermöglicht anhand von vier Achsen die Einschätzung der Behandlungsvoraussetzungen, des Beziehungsgeschehens, der psychodynamisch bedeutsamen Konflikte und der Struktureigenschaften der Persönlichkeit. Mit dem OPD-KJ-2-SF-Strukturfragebogen (Goth, Schrobildgen u. Schmeck, 2018) und dem Konfliktfragebogen nach OPD-KJ-2 (Seiffge-Krenke u. Escher, 2020) stehen zwei Messinstrumente zur Verfügung, die eine ökonomische Einschätzung möglicher Konfliktthemen und der strukturellen Voraussetzungen der Persönlichkeit bieten. Mit der Erfassung des Beziehungsgeschehens und der Behandlungsvoraussetzungen unter besonderer Berücksichtigung der Ressourcen gelingt nach meiner Erfahrung meist die einvernehmliche Planung des weiteren Vorgehens. So kann eine ergebnisoffene therapeutische Begleitung der Auseinandersetzung mit der eigenen Person erfolgen.

Diese Aspekte sind vor allem bei der Begleitung transidenter Jugendlicher mit psychischen Störungen zu berücksichtigen. Aufgrund von psychodynamischen Überlegungen zu ebenfalls bestehenden psychischen Störungen darf allerdings kein Störungsmodell für die Entstehung der Geschlechtsdysphorie oder Transidentität über die Hintertür wieder eingeführt werden, so wie es mancherorts in den aktuellen Diskussionen den Anschein hat. So sahen sich Güldenring, der Bundesverband Trans* und der Haki Kiel im Oktober 2019 genötigt, eine Pressemitteilung herauszugeben, in dem eben diese Sorge geäußert wird.

Jugendliche, die an psychischen Störungen leiden und die aufgrund nicht ausreichender Verbalisierungsfähigkeiten Schwierigkeiten haben, sich selbst zu beschreiben oder in Austausch mit anderen zu treten, haben es ohnehin in einem therapeutischen Setting schwerer. Sie können ihr Anliegen nur unzureichend vermitteln. Die Symptome der psychischen Störung stehen womöglich für die anderen im Vordergrund, und so fühlen diese Jugendlichen sich häufiger im Kern ihres Erlebens missverstanden und abgelehnt. Wenn sie aufgrund von strukturellen Defiziten mit den Anforderungen des Coming-outs und Outings überfordert sind, entwickeln sie wahrscheinlich auch häufiger Anpassungsstörungen, depressive Verstimmungen sowie selbstverletzende Verhaltensweisen und soziale Ängste.

Beziehungsangebote im Erstgespräch

Die Trans*Jugendlichen

Gerade zu Beginn der Begleitung kann man relativ leicht signalisieren, dass man den Wunsch der Jugendlichen nach Anerkennung ihres Transseins umfänglich annimmt und keinerlei Wertung vornimmt. Man kann erklären, dass man persönlich keinen bestimmten Ausgang der Begleitung präferieren würde:»Versteh mich da nicht falsch, mir ist es eigentlich nicht wichtig, ob du als Junge oder als Mädchen lebst. Da kann und werde ich letztlich keinen Einfluss darauf haben. Hauptsache ist für mich, du bist mit deinem Weg zufrieden und am Ende vielleicht sogar glücklich mit dem, was du erreicht hast. Wie der Weg dahin aussieht, kann ich heute (nach unserem ersten Kennenlernen) natürlich nicht wissen, aber ich unterstütze dich gern dabei, herauszufinden, was gut für dich ist.« Natürlich nenne ich jeden Jugendlichen bei seinem Wunschnamen und rede ihn oder sie mit dem bevorzugten Pronomen an.

So gelingt es besser, aus der Dynamik auszusteigen, dass das Gegenüber in der Selbstdarstellung meint, Überzeugungsarbeit leisten zu müssen, die die Therapeut_innen dann mit entsprechender Anerkennung/Gegenleistung/Indikationsschreiben vergüten sollen. Wenn die Jugendlichen sich akzeptiert fühlen, können andere Themen in die therapeutische Arbeit einfließen, die sie in ihrer Entscheidungsfindung und für ihren weiteren Weg stärken. Dies braucht bei Trans*Jugendlichen, die gewohnt sind, ihr Selbstbild nach außen zu verteidigen, oftmals Zeit. »Ich merke gerade, du versuchst mich wieder davon zu überzeugen, dass du zu 100 Prozent ein Junge bist, obwohl ich das ja gar nicht in Abrede stelle. Gibt es jemand, bei dem du diese Zweifel spürst?« Im Idealfall ist es zu einem späteren Zeitpunkt möglich, auch auf die eigenen Zweifel, falls welche bestehen, zu sprechen zu kommen.

Jugendliche fragen, warum sie eine Alltagserprobung machen müssen, warum sie nicht gleich Hormone nehmen können, dann würde ihnen die Erprobung doch leichter fallen. Sie fragen, warum die Alltagserprobung so lange dauert. Auch hier gilt es, ein Verständnis für das Warum zu erarbeiten und nicht nur auf die Leitlinien zu verweisen. Trans*Jugendlichen ist die Dauer ihres Coming-outs, gerade wenn es in der Pubertät erfolgte, häufig noch sehr präsent. So können viele bestätigen, dass sie die Sicherheit, die sie zum Zeitpunkt der Vorstellung haben, ein oder zwei Jahre zuvor noch nicht hatten. »Du sagst, dass du längere Zeit gebraucht hast, dir selbst ganz sicher zu sein, dass du ein Junge/Mädchen bist und auch so leben möchtest, und dass es dann noch mal gedauert hat, bis du es erzählen konntest. Du beschreibst gut, dass sich die Wahrnehmung im Laufe der Zeit weiterentwickelt und verändert. Trotz deiner heutigen Sicherheit hast du bisher noch nicht erfahren können, wie es sich im Alltag tatsächlich anfühlt, als Junge/Mädchen behandelt zu werden. Diese Erfahrung solltest du haben, um eine gute Entscheidung für oder gegen eine Hormonbehandlung treffen zu können.«

Jugendlichen, die aufgrund von Ängsten oder anderen psychischen Störungen Schwierigkeiten mit dem Outing haben und sich von der Hormonbehandlung diesbezüglich eine sofortige Erleichterung versprechen, kann vermittelt werden, dass der frühzeitige Beginn einer Hormonbehandlung den sozialen Druck für sie in der Regel deutlich erhöhen würde: »Heute hast du von den großen Ängsten berichtet, deinen Lehrer wegen des Wunschnamens anzusprechen. Ich glaube, dass wir deinen Wunsch nach einem Outing in der Schule noch besser für dich vorbereiten sollten. Vielleicht können deine Eltern ja zuerst mal einen Termin mit dem Lehrer vereinbaren, damit dein Anliegen ernster genommen wird? Erfahrungsgemäß brauchen Lehrer und die Schulleitung Zeit, um zu klären, wie sie deinen

Wunsch im Alltag umsetzen können. Wer könnte dich in der Schule noch unterstützen? Wenn du jetzt schon Hormone nehmen würdest, würde die körperliche Entwicklung beginnen und wäre bald sichtbar für alle. Müsstest du dann nicht viel mehr Menschen etwas erklären und würdest dich womöglich in der Schule noch unwohler fühlen? Dann könntest du nicht mehr selbst bestimmen, wann der richtige Zeitpunkt wäre, mit den Mitschülern oder den Lehrern zu sprechen.«

Die Jugendlichen haben sich manchmal bereits über Jahre mit ihrem Erleben auseinandergesetzt, von den Eltern erwarten sie jedoch ab dem Tag des Outings, dass es ihnen immer gelingt, den Wunschnamen und das richtige Pronomen zu verwenden. Es kommt vor, dass Jugendliche ungeduldig reagieren und wenig Verständnis zeigen, wenn den Eltern der alte Name herausrutscht oder das falsche Fürwort. Dies beobachten wir häufig dann, wenn Eltern und Trans*Jugendliche zuvor wenig über die Entwicklung gesprochen haben oder wenig Anteilnahme möglich war. Die Zeit des Coming-outs ist oft mit einem Rückzug verbunden. Ein fehlendes Beteiligtsein der Eltern an dem Coming-out-Prozess stellt diese dann mit dem Outing schlagartig vor vollendete Tatsachen. Viele Eltern können diesen Vorsprung in der Entwicklung ihrer Kinder kaum aufholen. So hilft den Jugendlichen der Rat, am eigenen Erleben anzuknüpfen: »Wenn du mal überlegst, wie lange es gedauert hat, bis du dein Erleben in Worte fassen konntest – eine Entwicklung, die deine Eltern so nicht mitbekommen haben. Das müssen sie jetzt alles nachholen. Sie bemühen sich und geben dir die gewünschte Unterstützung, dafür braucht es aber auch Zeit. Also, wenn du nicht das Gefühl hast, dass sie dein Transsein ablehnen, dann gib ihnen die Zeit, die sie benötigen, um den neuen Namen zu üben.«

Die Eltern

Allen Eltern wird durch die Eröffnung ihres Kindes, transident zu sein, Arbeit abverlangt, und auch diese gilt es anzuerkennen. Jahrelang haben sie ihr Kind großgezogen in dem Glauben, dass sie oder er ein Mädchen bzw. ein Junge sei, und müssen nun von dieser Vorstellung Abschied nehmen. Manche Eltern beschreiben dies wie einen Trauerprozess. Zukunftswünsche werden begraben, das Selbstbild muss neu organisiert werden: »Bin ich ein Mädchenvater oder ein Jungenvater? Was verändert sich für mich?« Selbst wenn Eltern ihrem Kind Verständnis und volle Unterstützung entgegenbringen, sehen sie sich gegebenenfalls mit dem Tempo, in dem die Jugendlichen die Entwicklung gern voranbringen möchten, überfordert.

Ein fortdauernder Streit aber und das Ringen um Akzeptanz der Transidentität transportieren sich leider auch später immer wieder in die therapeutische Situation und behindern die therapeutische Arbeit ungemein. Deshalb kann es helfen, diese Problematik frühzeitig mit den Eltern zu besprechen: »Verstehen Sie bitte, es gibt keinen Test, der eindeutig bestätigen könnte, dass Ihr Kind transident ist. Das einzig Verlässliche ist das, was Ihr Kind sagt. Wenn Sie Ihre eigenen Vorbehalte besser verstehen wollen, dann bleibt die Frage, warum Sie nicht auf das hören, was Ihr Kind sagt. Was fehlt Ihnen (noch), um der Einschätzung Ihres Kindes zu vertrauen? Es kann hierfür viele Gründe geben, die wir gern in einem gesonderten Termin besprechen können und die für mich, aber letztlich sicher für Ihr Kind interessant sein dürften, um die momentane Situation besser zu verstehen. Aber vermeiden Sie bitte Streitereien mit Ihrem Kind über die Frage, ob es Ihrer Meinung nach trans ist oder nicht, denn dies wird keinen Einfluss auf das Transsein haben, nur erschweren sie es sich und Ihrem Kind, angemessen damit umzugehen.«

Manche Eltern fordern in ihrer Verunsicherung von den Therapeut_innen eine Entscheidung, die eindeutige Bestätigung, dass ihr Kind tatsächlich transident ist. Nur dann, wenn es keine Zweifel mehr gäbe, würden sie den angestrebten Weg der Pubertätsblockade oder

der Hormonbehandlung unterstützen. Hier kann es helfen, die Perspektive zu wechseln: »Denn bei allem, was Sie zu mir führt, was Ihr Kind mir und Ihnen erzählt, angesichts seines Auftretens in der Schule und der Dauer seines Wunsches kann ich überhaupt nicht ausschließen, dass Ihr Kind transident ist.« »Letztlich gibt es heute nur zwei Möglichkeiten für die Zukunft, die ich beide nicht ausschließen kann. Entweder das Erleben Ihres Kindes bleibt so, wie es ist, dann lebt es als Transmann/Transfrau, oder das Erleben erweist sich nicht als überdauernd und Ihr Kind lebt in seinem zugewiesenen Geschlecht weiter. Das Ziel sollte sein, dass es Ihrem Kind gut geht, unabhängig davon, welche Möglichkeit eintritt bzw. sich als bleibend herausstellt. Bei einer transidenten Entwicklung haben weder Ihr Kind noch Sie eine Wahl oder einen nachhaltigen Einfluss auf die innere Entwicklung. Sie können (und müssen) aber durch Ihre elterliche Haltung Sorge tragen, dass sich Ihr Kind in jedem Fall gut entwickeln kann.«

»Wenn Sie sagen, dass Sie Ihrem Kind alles Gute wünschen und es unterstützen wollen, gleichzeitig aber hoffen, dass das alles nur eine Phase ist, wie kommt dies bei Ihrem Kind wohl an? Welche Auswirkungen hat es auf das Selbstwertgefühl, zu wissen, dass die Eltern hoffen, dass man nicht so ist, wie man sich fühlt?«

Manchmal wünschen sich Eltern aufgrund des jungen Alters ihres Kindes mehr Zeit zur Beurteilung der transidenten Entwicklung, während die Pubertät voranschreitet und das betroffene Trans*Kind ängstigt. Wenn das Kind allerdings schon vor der Pubertät eine Geschlechtsdysphorie bzw. eine deutliche Tendenz zum Leben im gefühlten Geschlecht gezeigt hat, ist die Einleitung einer reversibel die Pubertätsentwicklung blockierenden Medikation indiziert. Hier höre ich manchmal die Überlegung von Eltern, dass man lieber abwarten wolle, bis das Kind selbst entscheiden könne, damit man nicht möglicherweise die falsche Entscheidung treffe. Dann gilt es aus fachlicher Sicht klar Stellung zu beziehen, denn: »Nichtstun und Abwarten ist eine aktive Entscheidung mit weitreichenden Folgen für den betroffenen Menschen, welche das Kindeswohl gefährden kann.«

Eltern, die noch nicht verstanden haben, dass das transidente Erleben ihres Kindes keine Wahl zwischen zwei Möglichkeiten darstellt, wünschen sich häufig, dass ihr Kind in dem zugewiesenen Geschlecht weiterlebt, und verweigern deshalb die Einwilligung zum Beginn der Hormonbehandlung. Hintergrund ist häufig die nachvollziehbare Angst vor einer möglichen Diskriminierung oder die Sorge aufgrund der anstehenden schweren medizinischen Eingriffe. »Ihre Sorgen um den schwereren Lebensweg verstehe ich, aber sollte Ihr Kind nicht gerade dann auf Ihre volle Unterstützung zählen können?«

Als ein wesentlicher Faktor für das spätere Wohlbefinden der Jugendlichen werden, unabhängig von der Transidentität, die gute, haltgebende soziale Unterstützung durch Familie und Freunde sowie der Aufbau eines positiven Selbstwertgefühls angesehen.

Die therapeutische Begleitung

Die meisten Trans*Jugendlichen wünschen sich, wenn sie nicht bereits den sozialen Rollenwechsel vollzogen haben, Hilfestellung bei der Umsetzung der Alltagserprobung. Die Möglichkeiten eines Outings gegenüber Freunden, das Überwinden der Ängste vor dem schulischen Outing, das Finden eines Wunschnamens und das Einweihen von Geschwistern oder Großeltern in ihr Erleben sind die Themen, die die Jugendlichen beschäftigen.

Für Jugendliche, die keine psychopathologischen Auffälligkeiten aufweisen, können Gespräche in größeren Abständen völlig ausreichend sein. In der Regel sind sie dann in der Lage, das Geschehen inhaltlich weiterzuentwickeln und ihre neu gewonnenen Alltagserfahrungen zu reflektieren. Die Überprüfung der Lebbarkeit der Geschlechtsrolle und eine Auseinandersetzung mit der eigenen Geschlechtsidentität sind als Ziele der Therapie vorgegeben. Dies legt zunächst eine Eingrenzung der therapeutischen Arbeit auf diese Ziele hin nahe. Hier bewegen wir uns in einem scheinbaren, therapeutisch manchmal schwierig aufzulösenden Widerspruch, da nur über die Gesamtwürdigung der Person und der persönlichen Lebenssituation später eine gute Entscheidung für oder gegen medizinische Maßnahmen getroffen werden kann. Die Geschlechtsidentität ist zwar ein wesentlicher, aber auch nur einer von vielen Bestandteilen der Gesamtidentität. Eine schon zu Beginn der Begleitung vorgenommene Eingrenzung auf das Thema der Geschlechtlichkeit würde therapeutische Möglichkeiten zur Persönlichkeitsreifung und insbesondere auch zur Bearbeitung psychischer Störungen ungenutzt lassen.

Nach einer ausreichend langen und intensiven Alltagserprobung steht die Entscheidung für oder gegen eine geschlechtsangleichende Hormonbehandlung an. Diese weitreichende Entscheidung ist häufig noch von Sorgen oder Zweifeln der Eltern begleitet. Ein wesentliches Ziel der therapeutischen Begleitung der Alltagserprobung liegt in meinem Verständnis darin, die Jugendlichen und auch deren Eltern umfassend in ihrer individuellen Entscheidungsfindung hinsichtlich der zumeist gewünschten hormonellen Behandlung zu unterstützen, damit diese einvernehmlich und mit einem »guten Gefühl« begonnen werden kann. Die Trans*Jugendlichen sollten in der Lage sein, ihren Wunsch nach medizinischen Maßnahmen im Zusammenhang mit ihrer bisherigen Lebensgeschichte zu betrachten und die Folgen der Behandlung einzuschätzen.

Wie auch in anderen Bereichen der Medizin üblich, ist die betroffene Person mit größtmöglicher Sorgfalt in den Prozess der Entscheidungsfindung einzubeziehen. Die Vor- und Nachteile der Behandlungsmöglichkeiten müssen dem Betroffenen in einer seinem Verständnis angemessenen Art und Weise erläutert werden, und die Entscheidung muss in Abstimmung auf seine persönliche Lebenssituation erfolgen. Das Recht zur Mitbestimmung von Kindern und Jugendlichen in Bezug auf Maßnahmen, die ihren eigenen Körper betreffen, wird ab einem Alter von 14 Jahren als zunehmend gegeben erachtet (UN-Kinderrechtskonvention, 1989; Deutscher Ethikrat, 2020, Ad-hoc-Empfehlung). So muss die Position der Jugendlichen bei der Entscheidungsfindung mit hoher Priorität berücksichtigt werden. Neben der Kenntnis der somatischen Aspekte der angestrebten medizinischen Behandlung sind die Einschätzung der relevanten psychodynamischen Hintergründe und die Würdigung des Entwicklungsstands der Jugendlichen durch die Therapeut_innen in der Entscheidungsbildung erforderlich.

Den Trans*Jugendlichen sollte bewusst sein, dass sie sich zwar gedanklich mit allen Aspekten der gewünschten geschlechtsangleichenden Behandlung befassen können, dass sich ein tatsächliches Empfinden aber erst dann entwickelt, wenn sie begonnen hat. Auch Fragen wie »Was wird dann sein? Tun wir wirklich das Richtige?« werden sich naturgemäß vorab nicht beantworten lassen. Wir ermutigen die Jugendlichen ebenso wie ihre Eltern, mögliche Bedenken offen anzusprechen. Bedenken und Zweifel sind Kennzeichen dafür, dass eine Auseinandersetzung mit dem Für und Wider stattgefunden hat. Wie jede andere Entscheidungen erfolgt auch diese allein auf Grundlage der uns in diesem Moment zur Verfügung stehenden Informationen und unserer derzeitigen Persönlichkeit. Neue Erfahrungen oder Veränderungen unserer persönlichen Einstellung können im Laufe der Zeit dazu führen, dass wir die gleiche Entscheidung so nicht noch einmal treffen würden. Dies heißt jedoch nicht, dass unsere frühere Entscheidung falsch oder unüberlegt gewesen ist.

Eine differenzierte Übersicht über die kontroverse Diskussion zu Behandlungsansätzen und zur Entscheidungsfindung hinsichtlich geschlechtsangleichender medizinischer Maßnahmen findet sich bei Möller, Güldenring, Wiesemann und Romer (2018). Ebenso möchte ich an dieser Stelle auf die ausführliche Darstellung der unterschiedlichen Positionen und die anschließende Podiumsdiskussion im Rahmen des Forums Bioethik des Deutschen Ethikrats (2020) verweisen, welche online aufgerufen werden kann.

Die Namenswahl

Sage mir, wie du heißt, und ich sage dir, wer du bist. Die Wahl eines neuen Namens ist für viele Jugendliche ein entscheidender Schritt in der Selbstvergewisserung und kennzeichnend für den Beginn ihrer Alltagserprobung. Erste Erfahrungen mit dem neuen Namen werden gesammelt, und die Rückmeldung ermöglicht eine weitere Bearbeitung des Selbstbildes. Manche Jugendliche berichten, dass sie schon als Kind die Schulhefte mit dem Namen ihrer geheimen Identität beschriftet haben oder im Spiel mit Gleichaltrigen vorsichtig ihr »wahres Ich« gezeigt haben. Diese ersten »Ausflüge« in den sozialen Rollenwechsel sind in der Regel vorübergehend und werden häufig im Nachhinein als nicht bewusst vorgenommen beschrieben. Sie stoßen beim Beschriften von Klassenarbeiten und Schulheften mit einem imaginierten Namen schnell an die Grenzen der Akzeptanz. Eine weitere Spielwiese der probeweisen Namensaneignung bietet das Internet. Unter Verwendung verschiedener Avatare entdecken viele Jugendliche hier die Möglichkeit, sich größtenteils unbekannten Mitspielern gegenüber in einem neuen Gewand zu präsentieren. Je nach Kontext und Gemeinde von Mittelalterrollenspielen, Cross Play und Manga ergeben sich viele Möglichkeiten, spielerisch geschlechtsübergreifende Avatare zu erproben. Vielleicht ist es keine zufällige Beobachtung, dass Namen, die sowohl für Jungen als auch für Mädchen verwandt werden, eine erste Wahl darstellen. So entsteht zwar gegebenenfalls Verwirrung in Bezug auf den neuen Namen, der eigentlichen Frage nach der geänderten geschlechtlichen Zuordnung kann man sich auf diese Weise aber erst einmal versuchsweise und spielerisch annähern.

Die Überlegungen zum neuen Namen seitens der Jugendlichen sind vielfältig. Häufig werden die Eltern gefragt, wie man wohl als Junge oder als Mädchen geheißen hätte, wäre man nicht in dem falschen Geschlecht zur Welt gekommen. Teilweise werden das Outing in der Familie und die Akzeptanz der Transidentität als eine zweite Geburt wahrgenommen, bei der die Eltern um eine Mitwirkung an der Namensgebung gebeten werden. Hierbei zeigen sich einige Jugendliche ganz traditionell, in dem Sinne, dass sie den Namen der Eltern oder Großeltern miteinbeziehen oder auch den eigenen Geburtsnamen später als Zweitnamen wählen. Die Umformung des Geburtsnamens in die gefühlte geschlechtliche Form (aus Petra wird Peter, aus Marius wird Maria) steht für den Einbezug des früheren Lebens. Genauso häufig findet sich aber auch die Ablehnung all dessen, was vorher gewesen ist, und damit auch eine deutliche Abkehr von dem von den Eltern gegebenen Namen. Dies kann auch eine Abkehr vom kulturellen Hintergrund bedeuten, gerade dann, wenn dieser mit einer Nichtakzeptanz des Transseins verbunden sein sollte. Die Beschäftigung mit dem Namen des Kindes bietet die Möglichkeit, die Eltern einzubeziehen und aktiv an der Entwicklung teilhaben zu lassen. Einige Jugendliche haben sich über Jahre mit ihrem Comingout beschäftigt und die Eltern nicht daran beteiligen können. Für die Eltern ist es dann eine besondere Herausforderung, wenn von ihnen verlangt wird, von jetzt auf gleich den neuen Namen zu benutzen. Hier gilt es dem Jugendlichen zu vermitteln, dass die Eltern Zeit benötigen, diese Entwicklung nachzuvollziehen.

Psychische Störungen

Da Trans*Jugendliche wie alle Menschen die gesamte Vielfalt von psychischer Gesundheit und Krankheit aufweisen können, sind auftretende psychischen Störungen als ebensolche zu behandeln. Meine Überlegungen zu den Belastungen der Trans*Jugendlichen aufgrund ihrer besonderen Lebenssituation sollen zu einem besseren therapeutischen Verständnis der Symptomatik beitragen.

In der Praxis sehen wir auch Trans*Jugendliche, die mit einer erheblichen Beeinträchtigung durch eine psychische Störung zur Vorstellung kommen. In unserer Gegenübertragung können wir alle Reaktionen wahrnehmen, die wir auch aus anderen Behandlungen von psychisch Erkrankten kennen. Wir fühlen uns unter Druck gesetzt, am eigentlichen Erleben nicht beteiligt oder wir nehmen Zweifel an der Stimmigkeit der Selbstdarstellung des oder der Jugendlichen wahr. Diese wirkt vielleicht fragmentiert und aufgesetzt.

Bedenken oder Zweifel, die wir hinsichtlich des Identitätserlebens der Jugendlichen spüren, bringen die Therapeut_innen in eine schwierige Situation. Einerseits verbieten die emotionale Annahme des Jugendlichen und seine Selbstbeschreibung, transident zu sein, dieselbe infrage zu stellen, andererseits müssen auch die Therapeut_innen empfänglich für ihre eigenen emotionalen Reaktionen bleiben, um auch in diesem Zusammenhang einen offenen Umgang mit Ambivalenzen im Therapieverlauf zu fördern. Dies erzwingt manchmal einen Spagat. Der Jugendliche fordert die unbedingte Akzeptanz seiner Person, seine Eltern fordern die Berücksichtigung ihrer Vorbehalte, und als Therapeut_in reagieren wir auf die Anteile psychischer Störung unseres Gegenübers. Eine Tabuisierung dieser Wahrnehmung, im Sinne einer Selbstbeschränkung oder eines gemeinsamen Aussparens von möglicherweise relevanten Themen, würde die weitere Arbeit einschränken. Daher ist es an dieser Stelle wichtig, diese Gegenübertragung zuzulassen und sie als Reaktion auf die psychischen Störungsanteile einzuordnen und zu verstehen. Gerade wenn ein Identitätskonflikt oder eine strukturelle Einschränkung der Persönlichkeit mit einem fragmentierten Identitätserleben vorliegen, sind diese Wahrnehmungen richtungsweisend zur Klärung und Konsolidierung des Identitätserlebens in der Therapie. So kann in diesen Fällen der Selbstdefinition, transident zu sein, eine vorübergehende identitätsstiftende Funktion zukommen. Diese löst sich meiner Erfahrung nach meist im weiteren Verlauf der therapeutischen Begleitung auf.

Wie schon beschrieben und leicht nachvollziehbar stellt der transidente Lebensweg Trans*Jugendliche vor viele Herausforderungen, die Cisjugendliche in diesem Alter nicht bewältigen müssen. Somit kann von einer insgesamt deutlich erhöhten psychosozialen Belastung ausgegangen werden. Auch bei Cisjugendlichen, die einer höheren Belastung ausgesetzt sind, führt dies zu einer erhöhten Rate psychischer Störungen. Typischerweise wird eine solche Störung als *Anpassungsstörung* verstanden, wenn sie sich infolge einer umschriebenen Belastung, beispielsweise durch Mobbing, körperliche Übergriffe oder hier eben häufig aufgrund der Transidentität, entwickelt. Resultierend können ein soziales Rückzugsverhalten, Traurigkeit, Niedergeschlagenheit, Hoffnungslosigkeit im Sinne einer depressiven Verstimmung bis hin zur Suizidalität auftreten. Aber auch Ängste vor sozialen Begegnungen, das Vermeiden sozialer Kontakte im Sinne einer sozialen Ängstlichkeit bis hin zu einer sozialen Phobie mit Panikattacken können daraus erwachsen.

Viele Trans*Jungen leiden vor der Hormonbehandlung unter ihrer hohen Stimme und sehen sich mit zunehmendem Alter trotz passenden Auftretens in der gefühlten männlichen Identität einer höheren

Gefahr des sozialen Entdecktwerdens ausgesetzt. Das schlechter werdende soziale Passing kann zu einer sozialphobischen Symptomatik oder einem depressiv anmutenden Rückzug führen. Die Kontaktaufnahme per Telefon stellt für viele ein unüberwindbares Hindernis dar.

In der Regel ist die Entstehung psychischer Störungen, die durch eine erkennbare Auslösesituation hervorgerufen werden, sowohl für die Betroffenen als auch für Bezugspersonen und Therapeut_innen schneller und leichter nachvollziehbar. Die therapeutische Arbeit ist oftmals mit der Stärkung von Ressourcen, dem Aufbau von Bewältigungsstrategien und der Auseinandersetzung mit dem Geschehen verbunden. Naturgemäß findet hier ein großer Anteil der Auseinandersetzung mit äußeren Bedingungen und weniger mit den inneren Voraussetzungen statt, sodass auch bei großen Widerständen gegenüber dem therapeutischen Angebot im Sinne einer Selbsterkundung eine therapeutische Arbeit möglich scheint.

Manche Symptome lassen sich in ihrer Entstehung nicht eindeutig zuordnen oder verschwinden nicht nach Beenden der belastenden Situation, wie wir es nach einem Outing häufig beobachten können. *Selbstverletzendes Verhalten,* das wir vornehmlich bei Jugendlichen mit Defiziten in der Emotionsregulation und Impulskontrolle und manchmal auch bei Trans*Jugendlichen sehen, sollte nicht per se als Ausdruck der transidenten Entwicklung oder der Geschlechtsdysphorie verstanden werden (vgl. hierzu die Ausführungen von Resch, 2017).

Es gilt zu beachten, dass sich auch Menschen mit Ausgrenzungs- oder Mobbingerfahrungen häufig selbst verletzen. Selbstverletzungen bei Trans*Jugendlichen sind also nicht notwendigerweise ausgelöst durch die Ablehnung des eigenen Körpers, sondern können ebenso eine Folge erlittener Diskriminierung oder von Mobbing sein. Solche Erfahrungen werden häufig aufgrund von Schamgefühlen verschwiegen und sollten deshalb aktiv erfragt werden. Auch das Wissen um das eigene Transsein wird oft lange wie ein Geheimnis gehütet. Erst mit einem Coming-out kann der Zugang zu Gleichgesinnten, zur Community, entstehen. Das Geheimhalten bedeutet für manche auch einen Schutz und die Möglichkeit, die eigene Hoffnung, doch normal zu sein und dazuzugehören, weiter aufrechtzuerhalten. Natürlich können auch Trans*Jugendliche ein geringes Strukturniveau ihrer Persönlichkeit aufweisen und aus diesem Grund mit den nicht allein aus der Transidentität erwachsenden psychischen Belastungen in der Pubertät überfordert sein. Dabei greifen sie gegebenenfalls, wie viele andere Jugendliche auch, auf selbstverletzendes Verhalten als Hilfe zur Emotionsregulation zurück. In diesem Zusammenhang sollte berücksichtigt werden, dass wir in den kinder- und jugendpsychiatrischen Praxen ohnehin nur einen Bruchteil derer sehen, die sich selbst verletzen, denn diese weit verbreitete passager auftretende »Regulationshilfe« führt in der Regel erst bei Kontrollverlusten oder in Kombination mit anderen psychischen Störungen zur Vorstellung bei Therapeut_innen.

Bei Anzeichen einer *depressiven Störung* sind neben den Belastungen aufgrund der transidenten Lebensführung auch jene zu beachten, die aus dem vorangegangenen Prozess des Coming-outs hervorgehen. Ein erschwertes Coming-out, verbunden mit dem Auftreten einer Symptomatik, kann auf eine dem Betroffenen möglicherweise noch verborgene ablehnende Haltung gegenüber dem eigenen Transsein hinweisen. Auch wenn das Outing vorgenommen wurde, kann eine tiefe Verunsicherung hinsichtlich der eigenen Wertigkeit bestehen bleiben und zu Stimmungseinbrüchen auch bei scheinbar kleineren Anlässen, sozialem Rückzug und Antriebsminderung führen. Bei manchen Trans*Jugendlichen erstreckt sich die aufreibende innere Beschäftigung mit dem Bewusstwerden der eigenen Transidentität über einen langen Zeitraum. Die Klärung der Fragen, ob diese lebbar ist, wie die anderen darauf reagieren werden, ob man sie nicht besser für sich behält und unterdrücken kann, kostet viel Zeit und Energie. Zeit, die sie nicht mit anderen Jugendlichen verbringen und während der sie nicht für die Schule lernen, da dieses Thema sie besetzt hält. Daraus resultiert häufig ein so ausgeprägter sozialer Rückzug und eine Verschlechterung der schulischen Leistungen, dass der Jugendliche nicht selten nach einem erfolgreichen Outing den Anschluss verloren hat. Die Anzeichen der Überforderung treten hier erst auf, wenn sich die oder der Jugendliche wieder ins Leben zurückkämpfen muss und an den schulischen und sozialen Anforderungen scheitert.

Ein besonderes Phänomen, welches wir eher im späteren Therapieverlauf bei Trans*Jugendlichen beobachten, sind depressive Einbrüche, nachdem gewisse lang ersehnte Schritte der Transition erfolgt sind. Hier kann sich eine andauernde Erschöpfung durch die jahrelange Auseinandersetzung mit dem sozialen Umfeld und den Institutionen bis zum Beginn der Hormonbehandlung Bahn brechen, vergleichbar mit einem Erschöpfungszustand. Das Ziel oder Zwischenziel ist erreicht, die innere Spannung lässt nach und die Belastung der vergangenen Jahre holt den Betroffenen ein. Anstatt sich also zu freuen, dass die Hormonbehandlung endlich begonnen hat, schaffen es manche Jugendliche kaum mehr, zur Schule zu gehen und den Alltagsanforderungen gerecht zu werden. Dies ruft nicht bei den Betroffenen selbst, aber häufig bei den Eltern Zweifel wach, ob es womöglich doch die falsche Entscheidung gewesen sei, den Jugendlichen in seinem Wunsch zu unterstützen. Es ist in diesem Fall von Vorteil, wenn Patient und Familie den Therapeut_innen schon länger bekannt sind und der gegenwärtige Eindruck in der Gesamtschau relativiert werden kann. Auch den Jugendlichen gegenüber sollte es darum gehen, Verständnis für ihre Belastung zu vermitteln, um einen gelasseneren Umgang mit diesen nachvollziehbaren Schwächephasen zu erzielen.

In ausgeprägten Fällen kann sich auch hinter einer *Essstörung* eine Transidentität verbergen. Durch die Symptomatik der deutlichen Unterernährung kommt die körperliche Entwicklung weitestgehend zum Stillstand. Damit kann das zugrunde liegende Gefühl der Geschlechtsdysphorie, trotz oder gerade wegen der zusätzlichen Essstörung, vom Jugendlichen besser ertragen werden.

So berichtet Christian Jahre nach seinem Outing: »Mit elf Jahren habe ich gemerkt, dass sich körperlich alles verändert. Ich habe das nicht gewollt. Es war für mich unmöglich, das zu akzeptieren. Das ist mir damals nicht so bewusst geworden. Ich habe mich einfach verweigert. Ich habe wie blöd Sport gemacht, weil ich die Idee hatte, dass ich dann mehr Muskeln bekommen und den Jungs in der Klasse ähnlicher sehen würde, und irgendwann habe ich dann aufgehört zu essen, weil ich nicht diese fetten Hüften meiner Freundinnen bekommen wollte. Eigentlich ist mir den ganzen Tag schlecht gewesen und ich war wie in Raserei. Ich war innerlich immer in Unruhe. Damals habe ich gar nichts gedacht. Heute kann ich darüber sprechen, dass das wahrscheinlich der Zusammenhang gewesen ist. Auf der Station hätte ich niemals über mein Erleben reden können. Irgendwie habe ich gewusst, dass ich ein Junge bin, aber ich hätte es niemals aussprechen können. Ich habe mich so geschämt, für das was ich bin, aber noch mehr dafür, wie ich mich entwickelte. Kaum war ich von Station runter, habe ich so weitergemacht wie zuvor. Geredet habe ich erst bei dem zweiten oder dritten Rückfall, als ich schon 15 Jahre alt war und schon wusste, was mit mir falsch war.« Bei Christian besteht die Kombination aus einer ausgeprägten Geschlechtsdysphorie mit einem hohen Schamerleben und einer ablehnenden Haltung gegenüber dem eigenen Transsein.

Abschließend möchte ich ausdrücklich darauf hinweisen, dass die als falsch empfundenen körperlichen Geschlechtsmerkmale von manchen Trans*Jugendlichen als so ekelhaft und beschämend erlebt werden, dass diese Erfahrung allein schon resignative Krisen mit Antriebsminderung und dauerhafter Stimmungseintrübung auslösen kann.

Häufige Themen während der Begleitung

Im Verlauf der Begleitung begegnen uns regelmäßig Themen, die entweder aufgrund einer großen Schambesetzung oder weil sie nicht bewusst als solche wahrgenommen werden, eher selten von den Jugendlichen in die Therapiegespräche eingebracht werden. Hier gilt es umso mehr, dass die Therapeut_innen um deren allgegenwärtige Bedeutung wissen und vielleicht unbewusst gegebene Hinweise auf die Beschäftigung mit diesen Themen entsprechend aufgreifen können.

Transnegativität

Günther, Teren und Wolf (2019) beschreiben, dass Trans*Menschen eine Ablehnung von Translebeweisen verinnerlicht haben können, die möglicherweise kaum bewusst ist. So formulieren Trans*Menschen manchmal, lieber immer schon im Identitätsgeschlecht gelebt haben zu wollen und die Zeit der Transition vergessen zu wollen. Nicht selten sprechen sie abfällig über sich. Eine ablehnende Haltung gegenüber dem eigenen Transsein kann auch Trans*Jugendliche selbst betreffen, da diese häufig schon lange vor ihrem Coming-out entstanden ist. Gesellschaftliche Vorurteile sowie eine durch elterliche oder auch religiöse Vorstellungen geprägte Ablehnung sexueller Minderheiten finden häufig Eingang in das Weltbild der Jugendlichen. Dies betrifft gleichermaßen die Ablehnung von Homosexualität wie auch der Transidentität. Sie mündet im Erleben der Jugendlichen, im Grundsatz defizitär, nicht richtig, eine Enttäuschung zu sein, und in den damit verbundenen starken Selbstwertproblemen. So ist es nicht verwunderlich, dass bei einer ausgeprägten Transnegativität der Coming-out-Prozess erschwert sein kann, darüber hinaus aber auch die Möglichkeit, sich Bezugspersonen anzuvertrauen. Das hohe Schamerleben, das Gefühl, die Eltern enttäuscht zu haben, das Gefühl, als Jugendlicher nicht dazuzugehören, sondern abartig zu sein, ist häufig mit einem großen Selbsthass verbunden, der sich insbesondere auf die Geschlechtlichkeit und den eigenen Körper bezieht.

Alte Bilder aus der Zeit vor der Transition werden verbrannt, Familienfotos müssen abgehängt werden, und es ist dem Jugendlichen selbst unmöglich, den »Falschnamen« oder »Deadname« auszusprechen. Am liebsten soll alles aus dem Leben verbannt werden, was an früher erinnern könnte. Die Jugendlichen ergehen sich in Tagträumen und sehnen sich heimlich einen Neuanfang herbei. Der Grund ist nicht unbedingt bei den Schwierigkeiten im sozialen Auftreten oder in der Akzeptanz seitens der Schule oder der Mitschüler_innen im Hier und Jetzt zu finden. Transnegativität kann diesen Wunsch nach Abstand hervorrufen, wenn eine Aussöhnung mit dem eigenen Lebensweg noch nicht stattfinden konnte. So nähren die Jugendlichen in Gedanken die Hoffnung, dass sie an einem anderen Ort keiner kennt und mit ihrer Scham konfrontieren kann.

Schon jüngere Kinder weit vor der Pubertät zeigen bisweilen eine deutliche Ablehnung gegenüber den als falsch empfundenen geschlechtlichen Merkmalen. Die kleine Anna bittet zu ihrem sechsten Geburtstag ihre Oma, die als Friseurin im Nachbardorf arbeitet, dass sie ihr als Geschenk den Penis abschneiden solle. Eltern berichten, dass ihre Trans*Jungen in einem Alter von etwa vier Jahren gefragt haben, wann denn endlich der Penis wachse, da sie nun schon so lange darauf warten würden und alle Jungen im Kindergarten bereits einen hätten. Auf die Ankündigung, dass sie sich wie die Mama entwickeln würden, mit Busen und so, reagierten sie entsetzt und äußerten, dass sie sich die Brüste dann auf alle Fälle sofort abschneiden würden. Hier ist also eine schon früh angelegte Sicherheit bezüglich des eigenen Erlebens sowie eine deutliche und frühe Ablehnung der als nicht passend empfundenen geschlechtlichen körperlichen Merkmale vorhanden. Das offene Aussprechen des eigenen Empfindens und der im positiven Sinn selbstbewusstschamlose Umgang mit dem eigenen Identitäts- und Körpererleben ist häufig bei jüngeren Kindern, die noch keine Transnegativität aufgebaut haben, zu beobachten. Die heftige emotionale Reaktion ist Ausdruck des Gefühls, im falschen Körper zu stecken, verbunden mit dem magischen Wunsch, den Körper dem Erleben anzugleichen. Durch das Bewusstwerden, dass andere Kinder nicht ebenso empfinden, und das Unverständnis der Erwachsenen kann das Gefühl entstehen, anders zu sein und sich nicht zeigen zu dürfen. Hieraus können Schamgefühle, Minderheitenstress und in der Folge auch eine Transnegativität resultieren.

Der neue Körper

Eine herausfordernde Aufgabe nach der geschlechtsangleichenden Operation ist die Integration des neuen Körpers in das eigene Selbstbild. Eine verinnerlichte ablehnende Haltung gegenüber dem eigenen Transsein, ein mangelndes Selbstbewusstsein oder auch der noch fehlende Stolz auf das Transsein sind Themen, die manchmal erst hervortreten, wenn die medizinischen Schritte der Angleichung vollzogen sind. Dabei geht es in erster Linie um die Konfrontation mit dem, was erreicht wurde. Das, was jetzt ist, wird auch bleiben. Der neue, durch chirurgische Maßnahmen geformte Körper muss erst einmal kennengelernt und in das Selbstbild aufgenommen werden. Eine positive Besetzung soll – wie in der Pubertät – nun aber von jetzt auf gleich erfolgen. Der Körper, seine Funktion und sein neues Aussehen müssen, auch im Zusammenhang mit der Möglichkeit, ihn in intimen Beziehungen zu erleben, lieb gewonnen werden. Dieser Prozess wird in seinen zeitlichen Abläufen vielfach unterschätzt.

Ein krisenhafter Einbruch des Selbstwertgefühls (jetzt bin ich operiert und bin immer noch kein Mann/keine Frau) ist ebenso zu beobachten wie ein häufig beschriebenes Leeregefühl und eine Antriebslosigkeit. Die Gründe dafür liegen darin, dass die Besetzung des neu geschaffenen Körpers eine andere psychische Arbeit verlangt als das Anstreben weiterer Schritte der Transition, wie es zuvor oft den jahrelangen Prozess bestimmt hat. Jeder bislang erfolgte Schritt der Angleichung – der soziale Rollenwechsel wie auch die Hormonbehandlung – ist als Erfolg und Bestätigung verbucht worden und natürlich auch mit der Hoffnung verbunden gewesen, dass die Operation, neben einer verbesserten Stimmigkeit des Körpererlebens, eine Steigerung des Selbstwertgefühls bewirkt. Transnegativität und die damit verbundenen Schamgefühle können in der Hoffnung auf eine zukünftige Erleichterung durch eine Operation eher verdrängt werden. So könnte ein Grund für eine länger anhaltende Herabgestimmtheit nach erfolgreichen Schritten der Transition sein, dass sich jetzt die Konfrontation mit der ablehnenden Haltung gegenüber dem eigenen Sosein nicht mehr aufschieben lässt. Eine andere Erklärung kann das Vorliegen einer Trauerreaktion über den bisherigen Lebensweg sein. Beide Möglichkeiten sollten vorsichtig mit dem Betroffenen erarbeitet werden, um ihm eine Einordnung des eigenen Leids zu ermöglichen.

Familiäre Verstrickung

Einen ebenfalls den therapeutischen Prozess stark beeinflussenden Faktor finden wir manchmal im Familiengefüge der Trans*Jugendlichen. Es geht um die Verstrickung eines Jugendlichen in die persönlichen Probleme eines Elternteils oder in die Auseinandersetzung zwischen den Eltern und damit um die mögliche Verbindung eines Loyalitätsgefühls mit der Thematik des transidenten Erlebens. Manche Jugendliche zögern ihr längst fälliges Outing aus Rücksichtnahme auf einen aus ihrer Sicht zu beschützenden Elternteil heraus, andere haben das Gefühl, sich im Streit der Eltern uneingeschränkt positionieren zu müssen, und können deshalb auch im Umgang mit ihren Gefühlen hinsichtlich des eigenen Identitätserlebens kein Schwanken zulassen. Dies kennen wir natürlich auch aus anderen Zusammenhängen in Verbindung mit zerstrittenen Familien. Wenn das Außen einen ständigen Kampf, ein ständiges Ringen um Abgrenzung einfordert, ist es umso schwerer, eine flexible Haltung im Inneren zu finden. Die Auseinandersetzung mit möglichen widersprüchlichen Empfindungen gelingt nur unzureichend, wenn diese Haltung im Außen nicht eingenommen werden kann. Therapeutisch gilt es hier, solcher Verstrickungen gewahr zu werden, um den Jugendlichen die Chance zu eröffnen, diese Einflüsse zu erfassen, um eine möglichst »unabhängige« Entscheidung für sich treffen zu können.

Fallbeispiel Jannis
Der Eintritt in die Pubertät wird von vielen Trans*Jugendlichen als Schock erlebt. So beschreibt auch Jannis: »Ich bin von der Pubertät völlig überfahren worden, ich war fassungslos über das, was da

mit meinem Körper passierte, und noch schlimmer, dass irgendwie alle das mitbekamen. Die Jungen guckten plötzlich, Männer guckten mir auf der Straße hinterher, ich hätte mich am liebsten in Luft aufgelöst.« In der weiteren Anamnese von Jannis zeigt sich, dass der Vater zu Beginn der pubertären Entwicklung die zunehmenden Rundungen, die beginnende Brustentwicklung des Kindes in unangenehmer Weise kommentiert hatte. Er machte Bemerkungen wie, dass sie bald heiraten könne, und sein Kollege habe gesagt, dass sie ein heißes Mädchen sei. Der Vater habe »sein Mädchen« schon als Kind mit zum Stammtisch genommen und die bewundernden Kommentare der dort Anwesenden über ihr Aussehen und ihre Klugheit genossen. Diese sexualisiert-übergriffigen Kommentare, die Betonung der Weiblichkeit und damit das gleichzeitige Reduzieren des Kindes darauf beschreibt Jannis im späten Verlauf seiner therapeutischen Begleitung. Erst heute könne er darüber sprechen. Damals habe er die beginnende Ablehnung gegenüber dem Weiblichen seiner körperlichen Entwicklung gespürt, und dann sei diese auch noch so »ekelhaft« kommentiert worden.

Der Vater, der seine »hübsche kleine Tochter« als narzisstisches Selbstobjekt genutzt hat und sich Jannis während der Pubertät immer wieder in unangemessener Weise verbal sexualisiert genähert hat, war hier sicher eine schlechte Bedingung, sich mit den körperlichen Veränderungen und einem weiblich gefühlten Selbstbild positiv auseinanderzusetzen. Nach der Trennung der Eltern war der Vater bemüht, seinen autoritären Anspruch auf sein Kind aufrechtzuerhalten, und bekräftigte dies, indem er keine Einwilligung zu medizinischen Maßnahmen erteilte. Die fortlaufende Weigerung des Vaters, die Selbstbeschreibung seines Kindes anzunehmen, und – im Gegenteil – sein Wunsch nach Erhalt »seiner Tochter« zur eigenen narzisstischen Erhöhung haben die Dynamik über viele Jahre aufrechterhalten. Hier konnte in der therapeutischen Beziehung erst mit Erreichen der Volljährigkeit und damit dem Lösen aus der autoritären Einflusssphäre des Vaters der Raum geschaffen werden, sich mit der Beziehung zum Vater auseinanderzusetzen. An Jannis' männlichem Selbsterleben hat sich in den vergangenen Jahren nichts verändert. Trotzdem war er nicht frei von Zweifeln, da auch seine Mutter und eine frühere Therapeutin die Hypothese nicht ausschließen mochten, dass er in Opposition zu seinem Vater »diesen Weg« wähle. Erst nach der Aufarbeitung der schwierigen Beziehung zu seinem Vater gelang es Jannis, sich von diesem Gedanken zu befreien und nach seinem Erleben zu entscheiden. Mit der Volljährigkeit konnte er die Hormonbehandlung beginnen und ein halbes Jahr später die Mastektomie durchführen lassen. In der Rückschau war es für ihn die richtige Entscheidung. Zum Vater besteht seither kein Kontakt mehr.

In diesem Beispiel fällt die Konzentrierung der Auseinandersetzung zwischen Vater und Kind auf die sexuelle und die geschlechtliche Identität auf. Außerdem wird die darüber hinaus bestehende Beziehungsarmut deutlich. Gerade in Familien, in denen die Ablehnung des Wunsches, als Trans*Mann oder Trans*Frau anerkannt zu werden, in verhärteten Fronten endet, erkennen wir, dass eine mangelnde Ausgestaltung sonstiger Beziehungsangebote in anderen Bereichen zugrunde liegt. Eltern, die ihr Kind in seiner gesamten Persönlichkeit sehen und sowohl die sexuelle Orientierung als auch die sexuelle Identität nur als Teilaspekte dieser Persönlichkeit verstehen, gelingt es meist gut, ihm ein Gefühl von liebevoller Annahme zu vermitteln. Die Jugendlichen müssen dann nicht um die Wahrnehmung ihrer Person kämpfen, indem sie die Anerkennung der bekundeten Geschlechtsidentität um jeden Preis verlangen.

Scham und Selbstzweifel

Das Schamerleben, grundsätzlich anders zu sein, wird von vielen Jugendlichen selbst als Abartigkeit beschrieben. Sie empfinden es als Demütigung und permanente Zurschaustellung, mit den falschen Geschlechtsmerkmalen durchs Leben laufen zu müssen. Dem Ekel vor seinen/ihren körperlichen Geschlechtsmerkmalen kann der oder die Trans*Jugendliche letztlich nicht entfliehen. Alle Maßnahmen – wie die Wahl der Kleidung, das Abbinden der Brust oder das Abkleben des Penis –, um die Geschlechtsmerkmale zu verstecken, dürfen nicht darüber hinwegtäuschen, dass bei aller Lebbarkeit der sozialen Rolle die Konfrontation mit den als falsch empfundenen körperlichen Merkmalen nie aufhört. Im Gegenteil stellen die Momente des Mit-sich-allein-Seins, des eigentlichen Rückzugs, für viele Jugendliche die größte Belastung dar. Beim Duschen, beim Ablegen des Binders oder auch beim Schlafen erfolgt die unvermeidbare Auseinandersetzung mit der Brust oder dem spontan erigierenden Penis. Aus dieser Belastung resultiert oft eine depressive Verstimmung mit Hoffnungslosigkeit und Antriebsminderung.

Beim Coming-out und Outing werden das Schamerleben, die Angst davor, die Eltern zu enttäuschen, die tiefe Selbstverunsicherung und die Selbstabwertung der Jugendlichen spürbar. Sie zeigen sich in dieser Zeit belastet, traurig und ziehen sich nicht selten von allen zurück. Sie grübeln über die Möglichkeiten nach, wie sie sich den Eltern oder Freunden anvertrauen könnten und wie diese auf die Offenbarung ihres Andersseins wohl reagieren werden. Ist das Outing geglückt, berichten viele über eine große Erleichterung, wenn ihnen mit Wohlwollen und Verständnis begegnet wurde. In der weiteren therapeutischen Arbeit kommen diese Aspekte dann durch eine Verbesserung der Befindlichkeit der Jugendlichen und der Bestätigung durch den sozialen Rollenwechsel im Allgemeinen weniger zum Tragen. Es besteht die Hoffnung, dass nach Abschluss der Transition alles gut werde, und so bietet jeder Fortschritt auch die Möglichkeit, die belastenden Schamaffekte zu verdrängen.

Bedenken hinsichtlich der Möglichkeit, eine Beziehung einzugehen oder attraktiv für andere zu sein, können hingegen Hinweis auf eine weiterbestehende Scham sein. Auch der Wunsch, mit der Vergangenheit komplett abzuschließen, nie wieder daran erinnert zu werden, oder auch die deutliche Ablehnung der Kontakte zu anderen Trans*Personen sind Anzeichen für ein anhaltendes Schamempfinden. Hier ist es wichtig, um die Bedeutung des Schamerlebens zu wissen, auch wenn es nicht geäußert wird. Manchen Betroffenen hilft schon der Austausch mit anderen Trans*Jugendlichen, beispielsweise im Rahmen eines gruppentherapeutischen Angebots. Im Vordergrund des therapeutischen Dialogs stehen die Arbeit am Selbstbild sowie eine Dezentrierung des Selbsterlebens von der schambesetzten Körperlichkeit zu anderen Eigenschaften und Persönlichkeitsanteilen. Eine tatsächliche Linderung tritt jedoch häufig erst mit den geschlechtsangleichenden Maßnahmen ein. Vielen Tans*Jugendlichen gelingt es trotz allem, den Schein von Normalität und Funktionsfähigkeit im Alltag aufrechtzuerhalten – oft jedoch unter großen Mühen.

Das negative Selbstbild von Trans*Jugendlichen mündet manchmal in einen überzogenen Anspruch an sich selbst. Als Reaktion auf die inneren Zweifel hinsichtlich der eigenen Wertigkeit erfüllen sie die schulischen, aber auch familiären Ansprüche in einem sehr hohen Maß und überfordern sich nicht selten damit. Trotz der vielen Arzttermine und kraftraubenden Diskussionen mit Eltern, Lehrkräften und Mitschüler_innen bis zur sozialen Akzeptanz besteht oft jahrelang der Anspruch an sich selbst, in der Schule gute Noten zu erzielen und das Engagement im Verein nicht leiden zu lassen. Alles läuft so, als gäbe es keine zusätzliche Belastung. Den anderen nicht zur Last fallen zu wollen, aber auch das Ignorieren der eigenen Beanspruchung und die Kompensation der Selbstwertzweifel können hier ursächlich sein.

Wann ist ein Mann ein Mann?

Oft besteht die Angst, als Transmann mangelhaft oder defizitär zu sein. Der Jugendliche befürchtet, im Vergleich mit dem biologischen Mann immer schlechter abzuschneiden, dass ihm etwas fehle, um sich vollständig und gut zu fühlen. Dies ist häufig verbunden mit dem starken Wunsch nach der Angleichung. Es besteht also neben der Ablehnung des biologischen Geschlechts der ausgeprägte Wunsch nach den

Geschlechtsmerkmalen des anderen Geschlechts. Hier gilt es, schon früh die Auseinandersetzung mit den inneren Bildern des Jugendlichen anzuregen und so die gesellschaftlichen Männer- und Frauenbilder zu hinterfragen. Was ist ein Mann, was ist eine Frau? Diese Fragen haben für die Trans*Jugendlichen eine große Bedeutung. Um das innere Bild des Jugendlichen besser in seinen Eigenarten erfassen zu können und nicht mit den eigenen, gesellschaftlich übernommenen Vorstellungen zu verwechseln, sollte hier aktiv nachgefragt werden. Nur so werden die Therapeut_innen einschätzen können, ob der Trans*Jugendliche durch die medizinischen Behandlungsschritte seinem erstrebten Bild von sich selbst näher kommen kann.

In Bezug auf Partnerschaften äußern Jugendliche häufig die besorgte Frage, wie Frauen sie wohl sehen und wie Männer. Bin ich für Frauen als Sexualpartner attraktiv? Geht das eigentlich ohne Penis? Oft sehen sie allgemeine Vermutungen darüber, worauf Männer bzw. Frauen stehen, als sehr viel wahrhaftiger an als ihre eigenen Empfindungen in Bezug auf die Partnerwahl. Hier könnte zur Lösung führen, dass man die Jugendlichen ermutigt, konkret die eigenen Wünsche zu benennen und vielleicht festzustellen, dass diese sich nicht an den gängigen gesellschaftlichen Klischees orientieren: »Wenn für mich bei der Partnerwahl nicht der Busen meiner Freundin das erste Kriterium ist, warum sollte es für meine Freundin dann der Penis sein?« Je klarer der Jugendliche die Selbstbeschreibung und die eigenen Wünsche auszudrücken vermag, desto hilfreicher ist dies für seine eigene Identitätsfindung. Er oder sie kann Abstand nehmen von den verfälschten Bildern einer klischeehaften Männlichkeit oder Weiblichkeit.

Fallbeispiel Anton

Anton ist unversöhnlich und gekränkt. Seine Freundin hat ihn für einen anderen Jungen verlassen. Er ist sich sicher, dass sie ihn verlassen hat, weil er ihr im Bett nicht genügt hat. In weiteren Gesprächen wird deutlich, dass die gemeinsame Sexualität in der Beziehung gar kein Streitpunkt gewesen war, sondern sie jemanden gesucht hat, um über Gefühle zu reden und sich auszutauschen. Er habe sich damit sehr schwergetan. Sie habe immer an ihm rumgezerrt und bemängelt, dass er ihr wesentliche Bereiche seines Erlebens verheimlichen würde.

Die Überlegung, dass die Jugendlichen, die aufgrund ihrer Geschlechtsdysphorie kaum oder gar nicht in der Lage sind, sich ihren Körper anzuschauen oder gar sich selbst zu befriedigen, mit der Erkundung einer gemeinsamen Sexualität größte Probleme haben, liegt nahe. Doch es gibt Ausnahmen:

Fallbeispiel Jonathan
Glück hat, wer wie Jonathan eine Partnerin gefunden hat, die ihn auch körperlich akzeptiert und mit ihm schon während seines Transitionsprozesses seinen abgelehnten Körper und seine Sexualität entdeckt. Jonathan: »Ich habe von meiner Freundin ein so großes Interesse und eine Begeisterung für meine Person gespürt, dass sie mich bald da anfassen durfte, wo ich noch nicht einmal hingeschaut hätte. Sie hat mich eigentlich gelehrt, meinen Körper weniger abstoßend zu finden, weil ich ihn durch ihre Augen betrachten konnte. Das heißt nicht, dass ich meine Brüste plötzlich nicht mehr loswerden will, aber ich habe auch noch Arme und Beine, einen Bauch, einen Po und so viele andere Stellen an meinem Körper, die ich vorher allesamt mit meinen Brüsten in einen Topf geschmissen habe.«

Sexuelle Selbsterkundung

Sich selbst besser kennenlernen bedeutet auch, den eigenen Körper besser kennenzulernen. Ein natürlicher Umgang mit der Sexualität ist für viele Trans*Jugendliche unvorstellbar, für andere hingegen ist er gelebter Beziehungsalltag. So ist auch die vorsichtige Ermutigung (und hier geht es darum, die Grenzen der Betroffenen zu wahren) zur körperlichen Selbsterkundung Gegenstand der therapeutischen Begleitung. Dass andere Menschen mit einer Geschlechtsdysphorie ihre Sexualität auch vor Hormongabe und Operationen ausleben, dass sich Jugendliche mit Geschlechtsdysphorie selbst befriedigen und ihren Körper und ihre Sexualität kennenlernen, dies alles sollte im Gespräch vermittelbar sein, um die Möglichkeit einer Selbsterfahrung bereits vor der hormonellen Behandlung zu eröffnen. Nicht allen Betroffenen ist dies allerdings möglich.

Erotische und sexuelle Phantasien haben eine große Bedeutung, und die Therapeut_innen sollten sich der Wichtigkeit dieses Themas bewusst sein und aktiv nachfragen. Wie erleben sich die Jugendlichen im Traum? Keinesfalls sollte das Thema der sexuellen Selbsterkundung aus eigener Scham, aus Mitgefühl oder einem Unwohlsein gegenüber den Trans*Jugendlichen gemeinsam ausgespart oder verdrängt werden. Aufgrund der möglichen Empfindlichkeit und aus Rücksichtnahme auf die Intimsphäre unserer jugendlichen Patient_innen sollte allerdings streng darauf geachtet werden, dass hier keine Überforderung eintritt.

Idealerweise hat die Auseinandersetzung mit dem Thema der eigenen Sexualität und den damit verbundenen körperlichen Erfahrungen stattgefunden – sei es im Rahmen von Selbstbefriedigung oder in einer Partnerschaft. Dies spiegelt jedoch oft nicht die Möglichkeiten und die Lebenswirklichkeit der Betroffenen wider. Eine Liebesbeziehung, eine Partnerschaft, gelebte Sexualität kann nicht verordnet werden, und ein Fehlen dieser Erfahrungen kann bei einer gesicherten transidenten Entwicklung keine Kontraindikation für die Gabe von Pubertätsblockern oder Hormonen darstellen. Wir sollten uns immer wieder vergegenwärtigen, dass auch der Einfluss der therapeutischen Begleitung Grenzen unterliegt.

Trauerarbeit

Ein weiteres Thema, meist erst im späteren Verlauf der Begleitung, stellt die eigene Anerkennung des besonderen Lebenswegs dar, nicht selten verbunden mit Wut, Trauer und im besten Fall der Versöhnung mit dem eigenen Schicksal.

Fallbeispiel Robert
Robert ist heute 19 Jahre alt. Er hat die bisherigen Schritte der Transition gut bewältigt. Vor der Pubertät war er sich unsicher bezüglich seines geschlechtlichen Erlebens, verspürte dann aber mit der Entwicklung der weiblichen Brust und der Genitalien eine deutliche Ablehnung. Als kompetenter Jugendlicher mit sehr guten kognitiven und verbalen Fähigkeiten und tragfähigen Freundschaften gelang es ihm schon in einem Alter von 13 Jahren, die Eltern in sein Erleben einzuweihen und bald darauf auch das schulische Outing eigenständig in die Wege zu leiten. Es folgte eine eingehende therapeutisch begleitete Auseinandersetzung mit dem Geschlechtserleben. Geduldig wartete Robert auf den Beginn seiner hormonellen Behandlung, die im Alter von 16 Jahren erfolgte. Ein halbes Jahr später unterzog er sich einer Mastektomie. An seinem männlichen Selbsterleben ergaben sich im Verlauf der bisherigen sechsjährigen therapeutischen Begleitung nie Zweifel. So weit der nahezu problemlose Verlauf des Wandels.

Anamnestisch wurde berichtet, dass Robert noch vor dem Beginn der Pubertät und dem Gewahrwerden der eigenen Transidentität im Alter von zehn Jahren in psychotherapeutischer Behandlung gewesen war. Im Zuge des Wechsels von der Grund- auf die weiterführende Schule erlebte er, dass die Jungen der neuen Klasse ihn nicht in ihre Gruppe aufnahmen und die Mädchen ihn aufgrund seiner »Eigenart« – er habe sich immer schon jungenhaft angezogen und die Haare kurz getragen – zunächst mieden. Er entwickelte eine soziale Unsicherheit mit depressiver Stimmungseintrübung und Panikattacken. Diese machten noch vor dem Outing eine psychotherapeutische Behandlung notwendig, die zwei Jahre später erfolgreich abgeschlossen werden konnte. Er fand Anschluss in der Klassengemeinschaft und vermochte seine Ängste zunehmend zu überwinden. Robert ist seitdem psychisch stabil. Der weitere Schulbesuch und das Outing verliefen ohne Probleme. Er erlangte das Abitur und möchte nun studieren. Er genoss zunächst sein Leben und erfuhr durch seine Eltern eine gute Unterstützung. Während der Wartezeit bis zum Studium ist die Durchführung der ersten genitalangleichenden Operation geplant. Überraschenderweise wird die Kostenübernahme von der Krankenversicherung abgelehnt. Das Schreiben des Gutachters der Versicherung beinhaltet verschiedene Fragen zum bisherigen therapeutischen Prozess, obwohl Antworten darauf bereits gut dokumentiert vorliegen. Dem Widerspruch wird erst Monate später stattgegeben. Auch die darauf folgende Terminabstimmung mit der Klinik verzögert den gewünschten Eingriff weiter und bringt Roberts Studienplanung durcheinander. Nach mehreren Monaten sehe ich Robert wieder. Er berichtet, dass es ihm schlecht gegangen sei, dass er etwa drei Wochen nur im Bett gelegen habe. Auf Druck der Eltern habe er dann den Kontakt zu seiner früheren Psychotherapeutin wieder aufgenommen. Robert berichtet, dass er bislang nicht verstehen könne, warum es ihm so schlecht gegangen sei, und dass er auch nur langsam wieder aus dem Stimmungstief herauskomme.

Wir suchen gemeinsam nach Auslösern oder Belastungen, aber für Robert ergeben sich aus seinem Erleben keine Anhaltspunkte. Es gab keine Differenzen in der Partnerschaft, der Kontakt zu den Freunden besteht weiter. Robert berichtet, dass er auch die zunächst erfolgte Ablehnung der Kostenübernahme für seine Operation eigentlich gedanklich schon eingeplant habe. In weiteren Gesprächen entwickeln wir ein Modell darüber, was zur Trauerreaktion geführt habe könnte, und das von Robert im Nachhinein auch emotional gut angenommen werden kann. Robert sieht, dass seine Freunde ihr Studium beginnen. Sie flirten mit jemandem, den sie außerhalb der der früheren Freundesgruppe kennengelernt haben, oder berichten von neuen Erfahrungen im Freiwilligen Sozialen Jahr. Robert gönnt seinen Freunden diese Erlebnisse. Er kann aber nicht umhin, auf einer emotionalen Ebene seine Lebenssituation mit der seiner Freunde abzugleichen: All dies ist für ihn nicht möglich. Robert befindet sich gerade hinsichtlich des transidenten Lebenswegs schon lange in einer Warteposition. Er hat es mit Geduld und Kompetenz verstanden, die bisherigen Schritte der Transition wie nebenbei zu erledigen. Trotz des besonderen organisatorischen, zeitlichen und auch emotionalen Aufwands, den Trans*Jugendliche im Rahmen ihrer Transition bewältigen müssen, hat er sein Abitur mit sehr gutem Ergebnis zeitgleich mit den Freuden geschafft. Nach Beendigung der Schule beginnt für viele eine Zeit des Aufbruchs. Robert weiß, was und wo er studieren möchte. Seine persönliche Lebenssituation erfordert jedoch auch die Planung der geschlechtsangleichenden Operation, welche ihn Monate beschäftigen wird. Der Start des Studiums ist aus diesem Grund für die nächste Zeit nicht realisierbar. So fühlt er sich ohnmächtig und spürt hier vielleicht das erste Mal die Ungerechtigkeit und die Benachteiligungen, denen er auf seinem Weg ausgesetzt ist. Ob hierbei die wenig hilfreichen, inhaltlich redundanten Nachfragen des Gutachters der Krankenversicherung als institutionalisierte Diskriminierung angesehen werden können oder ob es der Umstand ist, dass Robert sich das erste Mal mit seiner Trauer über die Erschwernisse seines Lebensweges auseinandersetzen muss – beides ist belastend.

Auch bei anderen jungen Erwachsenen sehen wir Phasen von Stimmungseinbrüchen, die für diese zunächst nicht wirklich nachvollziehbar erscheinen. Hier sehe ich eine Vermengung verschiedener Aspekte. Die Betroffenen haben in der Regel hohe Ansprüche an sich und bagatellisieren die eigenen Anstrengungen. Es fällt ihnen schwer, sich einzugestehen, dass sie mehr als ihre Gleichaltrigen leisten müssen und ihr Lebensweg mit besonderen Anstrengungen und auch mit großem Leid verbunden ist. Gerade gut strukturierte Jugendliche bewältigen den Transitionsweg häufig ohne größere Probleme. Therapeutische Arbeit mit ihnen ist angenehm, sie sind motiviert und offen und können in einem erstaunlich hohen Maß sich selbst, die Familienbeziehungen und ihre Freundschaften reflektieren. So besteht meines Erachtens die Gefahr, dass die grundsätzliche Belastung durch das Ringen um Anerkennung, durch die Notwendigkeit der ärztlichen Termine, der therapeutischen Begleitung sowie der Planung der medizinischen Schritte in ihrem Ausmaß unterschätzt wird.

Es zeigt sich bei den Trans*Jugendlichen häufig der Drang, die vermeintliche eigene Unzulänglichkeit aufgrund des Transseins mit einer untadeligen Leistung im Alltag auszugleichen. Dies kann zu einem Erschöpfungszustand und depressiven Einbruch führen. Die Trauer über das nicht zu ändernde Schicksal erfolgt häufig erst in einem späteren Alter bei einer fortgeschrittenen Transition. Hier gilt es für die Therapeut_innen, auch im Nachhinein die große psychische Anstrengung des oder der Jugendlichen wertzuschätzen und den depressiven Einbruch als angemessene Trauerreaktion einzuordnen.

Berichte über die Entwicklung des Identitätserlebens

Noch nicht sicher …?

Wir sehen im Praxisalltag auch Jugendliche, die mit dem Thema der Transidentität in unsere Sprechstunde kommen und sich im Verlauf nicht für körpermodifizierende Maßnahmen entscheiden oder im Therapieprozess für sich herausfinden, dass sie sich nicht mehr als transident identifizieren.

Eine besondere Bedeutung für die Entwicklung des Selbstbilds in der Adoleszenz, der Identität und der Geschlechtsidentität kommt den Beziehungen zu Gleichaltrigen zu. In der Beziehung zu anderen werden soziale Rollenmodelle erprobt, das eigene Selbstbild wird im Vergleich mit und in Abgrenzung zu anderen geschärft. Auch geht es um die Entdeckung der eigenen Sexualität in romantischen Beziehungen. Psychische Erkrankungen in diesem Alter können die differenzierte Wahrnehmung der eigenen Gefühle und deren Regulation erschweren und damit auch die Möglichkeit, Freundschaften einzugehen. Es ist naheliegend, dass daraus ein fehlendes Zugehörigkeitsgefühl und ein unbestimmtes Selbstbild entstehen können. Diesen Jugendlichen gelingt es im therapeutischen Prozesses erst allmählich, ihre Selbstwahrnehmung zu schärfen und die Auswirkungen ihrer psychischen Erkrankung auf die Beziehungsgestaltung differenzierter zu betrachten. So haben wir es uns zu einer grundsätzlichen Aufgabe im therapeutischen Prozess gemacht, die Auswirkungen einer möglichen Kontaktstörung anzusprechen und mit den Jugendlichen gemeinsam einzuschätzen. Dies soll ihnen helfen, ihre Wahrnehmung »Ich bin nicht so wie die anderen« unter dem Aspekt einer alternativen Erklärung differenziert zu betrachten. Eine anfängliche Fokussierung auf das Thema »Ich bin im falschen Körper geboren und deshalb fühle ich mich nicht wohl« tritt erfahrungsgemäß bald hinter die Betrachtung der im Alltag als wesentlich belastender erlebten Kontaktstörung zurück.

Fallbeispiel Laura
Laura ist 17 Jahre alt und berichtet, dass sie sich schon seit jeher eher wie ein Junge kleide, viel Spaß an sportlichen Aktivitäten habe und schon während der Grundschulzeit kurze Haare bevorzugt und nie Schmuck getragen habe. Sie überlege gerade, von der Schule abzugehen, da sie dort nicht wirklich zurechtkomme und sich in der Klassengemeinschaft nicht wohlfühle. Sie könne sich vorstellen, wie ihr Vater Maurer zu werden. Schon von klein auf habe sie ihn begeistert am Wochenende zu seinen Baustellen begleitet und mitgeholfen. Seit mehreren Jahren wisse sie schon, dass sie sich zu Mädchen hingezogen fühle. In der schon länger währenden Liebesbeziehung zu ihrer Freundin fühle sie sich körperlich nicht wohl. Sie lehne ihren Busen und ihre Figur ab, verstecke die Brust auch mit einem Binder, und ihre Partnerin dürfe sie nicht nackt sehen. Sie lasse sich ungern anfassen und erlebe den Wunsch der Freundin nach Sexualität als sehr belastend. Vor einem halben Jahr habe sie ihren Eltern anvertraut, dass sie sich innerlich wie ein Junge fühle und eine Hormonbehandlung anstrebe, um ganz in der männlichen Rolle leben zu können. Einen Wunschnamen habe sie für sich allerdings noch nicht gefunden.

Bei der Wiedervorstellung rücken die schwierige Beziehung zur Freundin und die Probleme mit den Gleichaltrigen in der Schule thematisch immer deutlicher in den Mittelpunkt der Gespräche. Laura wird bei uns als Junge akzeptiert, wir sprechen sie mit dem neuen Wunschnamen Timo an und benutzen bei der Ansprache das männliche Personalpronomen. Nur wenige Menschen außer den Eltern und der Freundin wissen von dem Namen. Die mögliche Ausweitung der Alltagserprobung auf den schulischen Bereich wird von Timo selbst immer mal wieder angesprochen, tritt jedoch hinter dem tagesaktuellen Geschehen in den Hintergrund. Dabei geht es oftmals um Kränkungen in Beziehungen und das Gefühl, von anderen ausgegrenzt zu werden. Nach den Kränkungserlebnissen versinkt Timo in Phasen einer tiefen Niedergeschlagenheit und vermag häufig tagelang nicht mehr das Haus zu verlassen oder in die Schule zu gehen. Auch das im kleinsten Kreis vorgenommene schulische Outing nur gegenüber einigen Mitschüler_innen hilft ihm nicht, dort stabiler aufzutreten. Die nächsten Wochen und Monate der therapeutischen Begleitung zentrieren sich auf Timos Unsicherheit in Beziehungen und seine Ängste, verlassen oder von anderen aufgrund seiner Art abgelehnt zu werden. Seine Freundin verlässt ihn schließlich mit dem Vorwurf, dass er sich bei ihr tagelang nicht mehr gemeldet habe und sich nicht genug um sie kümmere. Erst nach der Trennung von seiner Freundin gelingt es Timo, innerlich zur Ruhe zu kommen und sich auf die anstehenden Abschlussprüfungen zu konzentrieren. In dem folgenden Termin bittet Timo ein wenig leise und schüchtern darum, dass wir wieder »Laura« und »sie« sagen sollen. Sie fühle sich mit dem Namen nicht mehr wohl. Ihren Eltern sei es schwergefallen, »Timo« zu sagen, und in der Schule habe es für sie keine Erleichterung gebracht. Sie habe sich weiterhin wie am falschen Platz gefühlt. Ihrer Ex-Freundin habe der Name gefallen, aber die Beziehung sei ja nun beendet. Laura berichtet erst im Nachhinein von den häufigen Abwertungen seitens der Ex-Freundin während der Beziehung und der ständigen Drohung, dass sie sie verlassen würde. Sie sei immer sehr bestimmend gewesen, habe sich über Kleinigkeiten aufgeregt und Laura beschimpft, alles falsch zu machen. Im Alltag kehrt nun Ruhe ein, die Sehnsucht nach einer Liebesbeziehung aber bleibt. Laura versucht, sich auf den anstehenden Schulabschluss zu konzentrieren. Sie wirkt in dieser Zeit erschöpft, aber durchaus ruhiger und zentrierter in ihrem Erleben.

Das Thema der geschlechtlichen Identität tritt in den Hintergrund. Mit einer neuen Liebesbeziehung zu einer Mitschülerin und nachdem sich diese als verlässlich für sie erwiesen hat, geht es ihr schnell besser. In der Therapie wagt Laura anzusprechen, dass sie schon seit Längerem nicht mehr das Erleben habe, ein Junge zu sein oder sein zu wollen. Sie habe sich nicht getraut, darüber zu sprechen, weil sie ja mit diesem Wunsch in die Therapie gekommen sei. Das Thema sei für sie nicht mehr so wichtig. Durch die therapeutische Unterstützung habe sie sich im Verlauf des vergangenen Jahres besser kennengelernt und erkannt, dass ihr körperliches Unbehagen erst in der Beziehung zur Ex-Freundin so sehr zugenommen habe. Sie fühle sich immer noch nicht wohl in ihrem Körper, denke aber, dass eine Hormonbehandlung letztlich nicht der richtige Weg für sie sei.

Trans und wieder zurück?

Fallbeispiel Tomas
Tomas, fast 19 Jahre alt, sitzt vor mir und berichtet, dass er überlege, die Hormonbehandlung doch nicht zu machen. Er habe seit etwa einem halben Jahr schon das Indikationsschreiben für die Testosteronbehandlung von seinem Psychiater, aber bislang noch keinen Termin beim Endokrinologen ausgemacht, um diese zu beginnen. Er fühle sich im Moment nicht bereit für diesen Schritt und habe Zweifel daran, ob es für die Zukunft das Richtige sei. Er würde sich heute, entgegen seinem Auftreten der letzten drei Jahre, eher als nonbinär bezeichnen.

Dies habe sicher mit seiner neuen Beziehung zu tun. Er habe Torsten kennengelernt. Er sei richtig verliebt und es habe mittlerweile auch sexuelle Kontakte gegeben. Auch sein Körpergefühl habe sich deutlich verändert. Er fühle sich zwar obenrum immer noch nicht gut, verspüre aber nicht mehr die Notwendigkeit, das alles so schnell zu ändern. Zuerst habe er bemerkt, dass er nicht mehr so erschrocken war, wenn er seine Figur und vor allem seine abgebundene Brust im Spiegel oder in einer Schaufensterscheibe gesehen habe. Früher sei ihm fast schlecht geworden, wenn er sich so unvermittelt habe sehen müssen. Er habe lange Zeit nur im T-Shirt geduscht. Heute habe er zwar bemerkt, dass es ihm nicht gefalle, er könne es aber aushalten. Er habe dies bereits mit seiner Mutter und der Psychotherapeutin besprochen und beide hätten es gut aufgenommen. Er habe sich ein bisschen geschämt, von seinen Zweifeln zu berichten. Man müsse sich ja überlegen, dass er viele Veränderungen in den letzten Jahren durchgesetzt habe. Die kleine Schwester habe begonnen, ihn als Bruder zu sehen, und habe ihn auch gegenüber Freundinnen so vorgestellt. Die Verwandten, die Großeltern, alle seien informiert worden und alle hätten darauf geachtet, ihn mit seinem Wunschnamen anzusprechen.

Befragt zu der Entwicklung, berichtet Tomas, dass er mit dem Erhalt des Indikationsschreibens mehr Zweifel verspürt habe. Besser gesagt, die Zweifel, die schon zuvor dagewesen seien, habe er eher zulassen können. Mit der Volljährigkeit sei für ihn eine völlig neue Situation eingetreten. Er habe allein über sich entscheiden dürfen. Im Nachhinein würde er sagen, dass er aufgrund der Auseinandersetzung mit seinem Vater, der seinen Wunsch, als Junge behandelt zu werden, nie anerkannt habe, in eine Position hineingedrängt worden sei, nach außen hin bedingungslos zu seinem Transsein zu stehen. Der Vater habe immer behauptet, die Mutter habe ihm das Transsein eingeredet. Dies habe in keinerlei Weise den Tatsachen entsprochen. Er habe wegen der Trennung und der vorangegangenen Streitereien zu Hause ohnehin Vorbehalte gegen seinen Vater gehabt. Dass dieser immer gesagt habe, alles sei nur eine Phase und er in seinen Augen immer »sein Mädchen« bleibe, habe ihn verärgert und eine Trotzhaltung einnehmen lassen. Mittlerweile sei es ihm egal, was sein Vater von alldem halte, und er gucke mehr darauf, wie es ihm selbst gehe. Dies sei sicher ein Erfolg der bisherigen Therapie gewesen.

Tomas ist neben der neuen Beziehungserfahrung auch über das Anschauen von Videos zum Thema Detransition dazu gekommen, das eigene Erleben neu zu überdenken und einzuordnen. Befragt, ob dies in der Therapie hätte früher gelingen können, bleibt Tomas zurückhaltend. Er wisse es nicht. Wenn die Therapeutin ihm vorgeschlagen hätte, er solle sich ein Video zu diesem Thema angucken, hätte er sicher nur die Unterschiede gefunden, als Begründung dafür, warum es bei ihm nicht so sei. Heute habe er die Gemeinsamkeiten gesehen und sein Erleben neu einsortieren können. Er sei darüber nicht unglücklich, auch über die zurückliegenden Jahre nicht, obwohl diese total anstrengend gewesen seien. Diese Zeit würde auch zu ihm gehören. Die Möglichkeit, Zweifel anzusprechen, habe er zuvor nicht nutzen können. In seinem Umfeld habe er immer dafür kämpfen müssen, als Junge anerkannt zu werden, sodass er die eigenen Unsicherheiten nicht habe aufkommen lassen dürfen.

Hier werden mehrere Themen angesprochen, denen wir in der therapeutischen Begleitung, unabhängig von ihrem Ausgang, regelmäßig begegnen: die Verstrickung eines Jugendlichen in die persönlichen Probleme eines Elternteils oder in die Auseinandersetzung zwischen den Eltern und damit die mögliche Verknüpfung eines Loyalitätsgefühls mit der Thematik des transidenten Erlebens. Tomas hat in der Auseinandersetzung seiner Eltern eindeutig den Vater als Aggressor erlebt. In dem langen Scheidungskrieg hat er klar Position für seine Mutter bezogen. Leider war auch sein Selbsterleben Gegenstand der elterlichen Auseinandersetzung. Die Verbindung seiner Identitätsfindung mit dem emotional hoch aufgeladenen familiären Streit hat ihm lange Zeit eine störungsfreie Auseinandersetzung mit seinem Selbsterleben erschwert.

Sein Schamerleben bezieht sich auf den Umstand, sich seiner selbst nicht sicher gewesen zu sein und verantwortlich für die Mühe anderer. Es entsteht das unangenehme Gefühl, allen sagen zu müssen, dass es doch »nur eine Phase« gewesen sei, sowie die Verunsicherung über das eigene Erleben. Gedanken kommen auf wie: »Ich habe zu 100 Prozent gewusst, dass ich ein Junge bin, und nun ist alles wieder unklar«, »Was für ein Versagen, nicht mal das weiß ich«, »Was werden die anderen denken?«, »Meine Mutter hat wochenlang geweint, und meine kleine Schwester hat im Freundeskreis total gelitten, alles wegen mir«. Und zusätzlich manifestiert sich die schlimmste Vorstellung: Der Vater wird sagen, er habe doch recht behalten.

Jedes Outing und der Wunsch, in der gefühlten Identität anerkannt zu werden, führen zwangsläufig zu Veränderungen in der Familie, im Freundeskreis sowie im schulischen Umfeld, zum Teil verbunden mit einem erheblichen Aufwand für alle Beteiligten. Wenn sich dann – wie bei Tomas – Zweifel einstellen, kann dies beim Betroffenen einen erheblichen Druck verursachen. Die Therapeut_innen sind angehalten, die Auswirkungen und die erhebliche Mühe für das Familiensystem anzuerkennen.

Die Annahme des Jugendlichen in seinem momentanen Sosein – sowohl in der Liebesbeziehung als auch in der Therapie – hat dazu geführt, dass aus einer sicher gehaltenen Position heraus eine Auseinandersetzung mit den eigenen Ambivalenzen möglich geworden ist. Wir wissen nicht, wie sich Tomas weiterentwickelt und ob er gesellschaftlich als Mann, als Frau oder in einer Zuschreibung jenseits dieser Kategorien leben wird. Wir wissen auch nicht, ob Tomas sich in seinem Körper dauerhaft wohlfühlen wird oder ob dies nur eine vorübergehende Annäherung unter dem Einfluss seines Verliebtseins darstellt. Nicht ausgeschlossen, dass er zu einem späteren Zeitpunkt doch noch die Testosteronbehandlung beginnt.

In diesem Fall gilt es, die trügerische Vorstellung von der Möglichkeit einer eindeutigen geschlechtlichen Zuordnung aufzugeben, die dem System einer heteronormativen Zweigeschlechtlichkeit verpflichtet ist. Diese Vorstellung bildet die Lebenswirklichkeit der uns begegnenden Menschen nicht ab. So habe ich Tomas für seinen Mut und seine Offenheit gelobt, weiter nach dem Weg zu suchen, der ihm am ehesten entspricht. Ich erachte es als überaus wichtig, die vermeintliche »Rückkehr« zum zugewiesenen Geschlecht bei der Geburt als Weiterentwicklung anzuerkennen und nicht als Rückschritt zu missdeuten.

An dieser Stelle möchte ich klarstellen, dass die beschriebenen psychodynamischen Überlegungen keinen Einfluss auf eine transidente Entwicklung an sich haben. Sie sollten jedoch im therapeutischen Verlauf aufmerksam beachtet werden, da sie die Auseinandersetzung der Jugendlichen mit ihrem Selbstbild und letztlich die Entscheidungsfindung hinsichtlich medizinischer Maßnahmen überlagern können. Im Gespräch mit den Jugendlichen sollte die Möglichkeit einer Verstrickung des eigenen Erlebens mit der Dynamik einer familiären Auseinandersetzung offen thematisiert werden, allerdings ohne sie dem Jugendlichen zu unterstellen. Der Umstand, eine schwierige Position zwischen zerstrittenen Eltern zu haben und darüber zu reden, beinhaltet keinen Zweifel an der Transidentität. Er dient dem persönlichen Reifungsprozess und kann dazu führen, die anstehenden Entscheidungen, beispielsweise zur Hormonbehandlung, unabhängiger treffen zu können.

Nur wenn wir das Konzept eines ergebnisoffenen Vorgehens ernst nehmen und das Wandelbare der menschlichen Identität und auch des Geschlechtsidentitätserlebens als Therapeut_innen anerkennen, können wir schon zu Beginn der Begleitung verbal wie nonverbal signalisieren, dass all das, was die hilfesuchende Person empfindet, seinen Platz in der Therapie haben kann.

Eine Übung

Eine Jugendliche berichtet, dass ihr ein Gedankenexperiment vor der Entscheidung zur geschlechtsangleichenden Hormonbehandlung dabei geholfen habe, Sicherheit für sich zu gewinnen. Sie habe sich selbst in der Zukunft vorgestellt und darüber nachgedacht, wie sie im späteren Beruf sei, in welcher Beziehung sie als Dreißigjährige lebe, wie sie mit ihren (adoptierten) Kindern spiele. Dann habe sie sich die Frage gestellt, ob sie sich in dieser Zukunft eher als Mutter oder als Vater sehe. Sie habe versucht, in sich hineinzufühlen, wie es wohl sei als älterer Mensch, so alt wie die Großeltern, ob sie sich dann weiterhin als Frau sehe oder als Mann. Sie habe die Erfahrung gemacht, dass sie dabei an die eigenen Eltern und an die Großeltern gedacht habe und diese so als beispielhafte Vorstellung für sich im Alter gesehen habe. Dies habe ihr ermöglicht, sich von der jetzigen Situation zu entfernen und die Geschlechterrolle im Laufe des Älterwerdens auch unterschiedlich zu betrachten. Eine gute Übung, um sich die langfristigen Auswirkungen der Entscheidung zur Hormonbehandlung anschaulich zu vergegenwärtigen und die momentanen Einflüsse zu relativieren.

Trans*Jugendliche mit Autismus

Bei Menschen mit Autismusspektrumstörung wird eine erhöhte Rate von transidentem Erleben und dem Wunsch, dem anderen Geschlecht anzugehören, beschrieben (de Vries, Noens, Cohen-Kettenis, van Berckelear-Onnes u. Doreleijers, 2010; Pastersky, Giligan u. Curtis, 2014). Eine Beobachtung, die sich aus der Erfahrung in meiner Praxis nachvollziehen lässt und eine eingehendere Betrachtung verdient.

Aufgrund des häufig nicht ausgeprägten Wunsches nach sozialen Kontakten und Beziehungen ist die sogenannte Alltagserprobung für Menschen mit Störungen aus dem autistischen Spektrum erschwert. Die Anforderungen der Alltagserprobung an die sozialen Kompetenzen der Jugendlichen sind hoch. In der Regel müssen im Rahmen eines Outings Gespräche geführt werden, und die betroffene Person rückt zumindest vorübergehend in den Fokus der sozialen Aufmerksamkeit. Jugendliche mit einer autistischen Persönlichkeit können manchmal die konkrete Ausgestaltung eines sozialen Rollenwechsels nicht nachvollziehen oder vermögen diesen aufgrund mangelnder sozialer Fertigkeiten nicht angemessen umzusetzen. Wir beobachten in der Praxis, dass bei Menschen mit nur leichten Einschränkungen nicht selten die autistische Problematik erst mit dem Beginn der Alltagserprobung überhaupt deutlich wird.

Zusätzliche Schwierigkeiten in der Einschätzung der Transidentität bzw. der Selbstdiagnose der Jugendlichen bereitet hier auch die Möglichkeit, dass die Aussage »Ich fühle mich seit Jahren schon anders als die anderen« nicht nur auf das Transsein, sondern auch auf die autistische Störung zurückzuführen sein könnte. Ein Mensch mit autistischen Persönlichkeitsanteilen hat vielleicht schon im frühen

Kindesalter ein Unverständnis im Kontakt mit anderen verspürt oder ist möglicherweise Opfer von Ausgrenzung und Mobbing geworden. Im Zuge der adoleszenten Auseinandersetzung mit sich selbst und der Suche nach einer Identitätsbeschreibung können den Jugendlichen mit Autismus Erfahrungsberichte von Trans*Jugendlichen über ihre Gefühle des Andersseins und ihre Schwierigkeiten, körperliche Nähe zu anderen zuzulassen, durchaus als Erklärungsmodell für die eigene Situation und ihre Schwierigkeiten dienen. Nach unserer Erfahrung löst sich dieses vorübergehende Modell mit Thematisierung und Gewahrwerden der entsprechenden autistischen Persönlichkeitsanteile im Verlauf der Therapie auf. Das Erleben, anders zu sein, kann dann von den Jugendlichen in einer stimmigeren Art und Weise mit der eigenen Wahrnehmung vereinbart werden. Bei autistischen Trans*Jugendlichen hingegen mit einer deutlichen Geschlechtsdysphorie und eindeutiger Transidentität ändert die Auseinandersetzung mit den autistischen Persönlichkeitsanteilen nichts an ihrem transidenten Erleben. So empfehlen wir schon beim Verdacht auf Vorliegen einer Störung aus dem Autismusspektrum, die autismusspezifischen Besonderheiten und deren Auswirkungen auf die Selbstwahrnehmung mit dem Betroffenen eingehend zu erörtern. Damit erhält der Jugendliche noch vor Beginn der sozialen Transition die Möglichkeit, sein Erleben unter dem Aspekt der autistischen Anteile zu reflektieren.

Um unterschiedliche Aspekte einer begleitenden Autismusspektrumstörung zu veranschaulichen, führe ich drei Fallbeispiele an.

Fallbeispiel Karla
Eine 17-jährige, androgyn auftretende Jugendliche, die mit sehr guten Leistungen die zwölfte Klasse eines Gymnasiums besucht, berichtet, dass sie sich schon seit Beginn der Pubertät unwohl in ihrem Körper fühle und mit Mädchensachen nichts anfangen könne. Sie habe für sich festgestellt, dass sie eher ein Junge sei und auch als solcher leben wolle. Einen Wunschnamen habe sie aber noch nicht. Sie wünsche sich, im Rahmen der Sprechstunde über die notwendigen Schritte

zur Anbahnung einer Hormonbehandlung informiert zu werden. Des Weiteren sei sie bereits in einer Spezialambulanz für autistische Störungen vorstellig geworden und habe dort in der kommenden Woche ein Auswertungsgespräch. Karla erzählt weiter, dass sie leistungsmäßig keine Probleme mit dem Besuch des Gymnasiums habe, sie aber keinen Kontakt zu ihren Mitschülern bekomme. Sie habe festgestellt, dass sie sich häufig allein fühle, wenn die anderen etwas ohne sie unternehmen würden. Sie selbst verliere, wenn zu viele Leute zusammen seien, schnell das Interesse und fühle sich überfordert. Daraufhin sei ihr die Vorstellung in der Autismusambulanz angeraten worden. Im Erstgespräch informiere ich sie zunächst zum Thema Transidentität und geschlechtliche Entwicklung im Allgemeinen, und wir verabreden einen weiteren Termin, sobald das Auswertungsgespräch in der Autismusambulanz erfolgt sei.

Zwei Monate später kommt Karla erneut in die Sprechstunde. Es sei viel passiert, die Autismusambulanz habe ihr eine eindeutige Asperger-Störung zugeschrieben. Dies sei zunächst sehr seltsam für sie gewesen, da es mit ihrer eigenen Einschätzung so gar nicht übereingestimmt habe. Daraufhin habe sie sich informiert und sich tief in das Thema eingelesen und könne jetzt besser nachvollziehen, warum man ihr diese Störung zugeordnet habe. Es würde tatsächlich einiges von ihrem Erleben, insbesondere die Schwierigkeit mit den Gleichaltrigen, erklären. Wichtiger sei jedoch, dass sie jetzt mit einem Jungen zusammen sei. Er sei in ihrer Stufe und sie habe ihn schon immer nett gefunden, ohne dass ein Kontakt zustande gekommen sei. Während eines Schulprojekts habe sie mehr mit dem Jungen sprechen können und er habe ihr gestanden, dass er sich in sie verliebt habe. Sie sei ganz aufgeregt. Der Junge sei ebenso nerdig wie sie, interessiere sich für Physik und solche Sachen und sie verbrächten seither viel Zeit miteinander. Sie empfinde sich zwar immer noch nicht als Mädchen, da sie dem Jungen aber gefalle und sie sich auch schon geküsst hätten, nehme sie ihren Körper auch nicht mehr als Hinderungsgrund wahr. Sie fühle sich im Moment gut und wolle erst einmal keine weiteren Termine haben.

So schnell und anscheinend unproblematisch wie bei Karla erfolgt die Umorganisation der Wahrnehmung selten. Hier bestand wohl die Möglichkeit, über das Konzept eines Asperger-Syndroms die eigene Wahrnehmung und das eigene Erleben begreifbarer zu machen. Gleichzeitig haben die Erfahrung einer romantischen Beziehung mit körperlicher Nähe und das Erleben, dass jemand sie als Mensch und ihren Körper gut findet, eine neue Sichtweise auf sich selbst eröffnet. Dieser glückliche Umstand hat Karlas Erfahrungsweltbild auf einen Schlag hin revolutioniert. Als Hinweis auf eine nicht fixierte transidente Identifizierung kann der Umstand gewertet werden, dass Karla schon im Erstkontakt keine ausgeprägte Geschlechtsdysphorie, sondern eher ein Unwohlsein in der sozialen Rolle und den damit verknüpften Erwartungen beschrieben hat. Ein durchgängiges Leiden über einen längeren Zeitraum an der Körperlichkeit ist nicht deutlich geworden. Die Vorstellung in der Praxis diente Karla in erster Linie zu einer Klärung des Themas, welche dann allerdings durch eine tatsächliche Lebenserfahrung viel schneller erfolgen konnte.

Fallbeispiel Lana/Theo
Die 15 Jahre alte, zuweisungsgeschlechtlich weibliche Lana kommt in Begleitung ihrer Mutter in die Sprechstunde. Die Mutter sorge sich, da Lana keine sozialen Kontakte habe und immer nur in ihrem Zimmer sitze. Seit etwa ein bis zwei Jahren vermeide sie auch die familiären Zusammenkünfte, beispielsweise den Geburtstag der jüngeren Schwester. Sie komme dann nur kurz dazu, frage aber bereits nach wenigen Minuten, ob sie jetzt lange genug dabeigesessen habe, und verziehe sich wieder auf ihr Zimmer. Befragt zu der Entwicklung zuvor, berichtet die Mutter, dass Lana zwar nie viele, aber doch einige gute Freundinnen gehabt habe. Es habe auch gegenseitige Übernachtungsbesuche gegeben. Aus dem Kindergarten und der Grundschule seien keine Klagen gekommen, erst mit Eintritt in die Pubertät hätten die beobachteten Schwierigkeiten begonnen.

Allein mit dem Untersucher bespricht Lana, sehr zögerlich und misstrauisch wirkend, warum sie zum Gespräch gekommen sei. Sie sei ein Junge und eigentlich kein Mädchen. Dabei blickt Lana auf den Boden, und diese Aussage bleibt fürs Erste ohne weiteren Kommentar im Raum stehen. Nachdem der Untersucher ihr versichert hat, dass das ja so weit in Ordnung sei, und fragt, was er für sie tun könne, wiederholt Lana, dass sie eigentlich ein Junge sei und dass sie Hormone wolle. Sie finde ihren Körper ekelhaft und könne ihre hohe Stimme nicht ertragen. Sie wirkt hierbei nicht antriebsarm und niedergeschlagen, so wie es von der Mutter aus dem häuslichen Umfeld beschrieben wurde, sondern eher etwas unbeholfen im Gesprächskontakt. Auf Fragen des Untersuchers nach Erklärung ihres Anliegens reagiert sie gereizt, irritiert und trotzig. Die weitere Befragung nach ihrem Alltag verläuft schleppend, und es stellt sich heraus, dass es außer den schulischen keine weiteren Sozialkontakte gibt und von Lana auch kein Wunsch danach besteht. Die Ablehnung des weiblichen Körpers wird nochmals von ihr betont, sie vermag jedoch nicht zu beschreiben, wie und zu welchem Zeitpunkt sich dieses Erleben entwickelt hat und wann es sie belastet. Die Frage, ob sie das Auftreten in der Jungenrolle im Alltag wünsche, wird mit einem Kopfschütteln und Unverständnis beantwortet.

Es folgen weitere Termine, bei denen zunehmend der Verdacht auf eine Autismusspektrumstörung aufkommt. Das von Lana geäußerte Anderssein (»kann mit den Mädchen nichts anfangen, die Jungen wollen mich nicht bei sich haben«) lässt sich bis in die Grundschulzeit nachvollziehen. Lana selbst und ebenso ihre Eltern reagieren überrascht auf die Erörterung der autismustypischen Verhaltens- und Erlebensweisen. In der Folge wird die Diagnose Asperger-Syndrom gestellt. Dies geschieht auch mit dem Ziel, Lana ein Modell zu geben, ihr Erleben und das seit der Pubertät verstärkte Gefühl, anders zu sein, ihrer Persönlichkeit zuordnen zu können. Lana bleibt bei der Aussage, ein Junge zu sein, unternimmt im Alltag jedoch keine Schritte hinsichtlich eines Outings oder eines jungenhaften Auftretens. Die Behandlung stagniert, und auf Wunsch der Familie, die eine lange Anreise zur Praxis in Kauf nehmen muss, wird erst einmal kein weiterer Termin vereinbart.

Zwei Jahre später meldet sich Lana erneut. Sie besuche nach wie vor die Schule und werde bald ihr Abitur machen. Auch an ihrem eingeschränkten Sozialleben habe sich nichts geändert, ebenso wenig an ihrer Aussage, ein Junge zu sein, und ihrem Wunsch nach einer körperlichen Veränderung. Immerhin ist ein familiäres Outing erfolgt, infolge dessen Lana im Familienkreis und bei den wenigen Sozialkontakten mit dem neuen Wunschnamen Theo angesprochen wird. Seine Internetkontakte bestreitet Theo bereits seit vielen Jahren in einem männlichen Avatar und als Junge – eine Tatsache, die Theo bei der ersten Vorstellung überhaupt nicht erwähnt hatte, da sie ihm offensichtlich nicht relevant erschien. Nach zwei Jahren eingehender Auseinandersetzung mit der Autismusdiagnose und der Erkenntnis, dass viele Verhaltensweisen kein depressiver Rückzug, sondern Ausdruck der autistischen Persönlichkeit waren, stimmten die Eltern der Vorstellung in der Endokrinologie mit Aussicht auf den Beginn einer geschlechtsangleichenden Hormonbehandlung zu.

Während Karla lediglich zwei Mal die Praxis aufsuchte und therapeutisch ganz am Anfang der Auseinandersetzung mit dem eigenen Geschlechtsidentitätserleben stand, befand sich Theo in einem langjährigen Prozess. Hierunter soll ausdrücklich auch die etwa zweijährige Behandlungspause verstanden werden, da die Verarbeitung der Autismusdiagnose und die innere Konsolidierung des Selbsterlebens als männlich in dieser Zeit stattfanden. Die therapeutische Begegnung hatte lediglich den Anstoß dazu gegeben.

Gerade bei Menschen mit autistischen Persönlichkeitszügen stellt die sogenannte Alltagserprobung in der gefühlten Geschlechtsidentität im sozialen Kontext eine große Herausforderung, wenn nicht sogar Überforderung dar. Viele Jugendliche wirken trotz einer angeregten inneren Beschäftigung mit dem Thema nach außen hin passiv. Kritik von Eltern oder unterstützenden Lehrpersonen kann laut werden: »Jetzt ist das Outing erfolgt, aber es ändert sich sozial gar nichts«, »Wir haben gedacht, wenn wir ihn jetzt als Jungen anerkennen, wird er offener und lädt Freunde zu sich nach Hause ein«. Manchen Jugendlichen gelingt es aber auch gut, sich mit den Anforderungen der neuen sozialen Rolle auseinanderzusetzen. So auch im folgenden Beispiel:

Fallbeispiel Julia
Julia kommt im Alter von 17 Jahren in die Praxis. Sie sei sich schon seit mehreren Jahren ihres weiblichen Identitätsgefühls sicher. Bis vor Kurzem jedoch habe sie nicht darüber sprechen können. Schon in der Grundschule sei eine ausgeprägte autistische Störung bei Hochbegabung diagnostiziert worden. Sie erhalte vom Jugendamt Unterstützung durch einen Integrationshelfer. Der Schulbesuch klappe gut, sie strebe das Abitur an. Sozial hingegen sei sie sehr eingeschränkt, habe wenig Kontakte, was für sie auch gut sei. Sie sorge sich allerdings sehr um die Möglichkeit, als junge Frau akzeptiert zu werden.

Julia, so wie sie sich vorgestellt hat, sitzt vor mir, aber nichts an ihrer Kleidung, Haltung oder Gestik wirkt besonders feminin. Sie berichtet weiter, dass sie sich bis jetzt nur online und gegenüber der Kernfamilie getraut habe, als Mädchen aufzutreten. Beide Eltern erinnern sich, dass Julia immer schon anders gewesen sei, sich nie für Jungenspiele oder Raufen interessiert, sondern eher den Kontakt zu Mädchen gesucht habe. Dies hätten sie seinerzeit auf die autistische Problematik zurückgeführt. Mädchen seien im Umgang sozialer, und Julia habe in ihrer Umgebung weniger Schwierigkeiten gehabt. In der Pubertät habe Julia sich zurückgezogen, ohne jedoch über ihr Erleben zu berichten. Eine therapeutische Behandlung habe aufgrund des Autismus immer stattgefunden. Vor etwa drei Jahren habe Julia sich das erste Mal den Eltern anvertraut. Da sich an ihrem Wunsch, als Frau zu leben, bislang nichts geändert habe, gehe man davon aus, dass es auch weiterhin so sei. Sie wüssten es nicht, da Julia wenig mit ihnen rede. Die Eltern berichten, dass es ihnen schwerfalle, Julia gegenüber anderen als Mädchen anzusprechen, da sie sich in ihrem Äußeren bislang kaum verändert habe. Hierzu berichtet Julia, dass sie nach dem Stimmbruch große Ängste entwickelt habe, mit anderen zu sprechen, und sie sich selbst vor ihrer dunklen Stimme scheue.

Begeistert nimmt Julia das Angebot eines logopädischen Stimmtrainings an und erarbeitet sich hier in einem ersten Schritt aktiv die Möglichkeit, besser in ihre Vorstellung von einem sozial weiblichen Auftreten hineinzupassen. Es gehört mit zur therapeutischen Arbeit, die Vorstellung der Jugendlichen hinsichtlich eines stimmigen Auftretens zu erfragen oder ihnen Hilfestellung bei der Entwicklung eines Bildes zu leisten, wie das Leben in der gewünschten Geschlechtsrolle sozial ausgestaltet werden soll. Mit zunehmender Sicherheit durch das Stimmtraining und das bewusste Einüben feminin wirkender Gestik und Mimik erprobt sich Julia bei der Erledigung kleiner Einkäufe, die sie sich nun als Mädchen gekleidet zutraut. Nach den ersten positiven Erfahrungen erfolgt das Outing gegenüber der Schulklasse und mit Vollendung des 18. Lebensjahres auch der Beginn der geschlechtsangleichenden hormonellen Behandlung. Wie auch andere Menschen mit Autismus hat Julia die Schritte des sozialen Rollenwechsels weniger aus einem inneren Beweggrund heraus vollzogen, sondern weitgehend nur, um den sozialen Erwartungen zu entsprechen, nicht aufzufallen und die Hormonbehandlung beginnen zu können.

Wir sehen drei Lebenswege junger Menschen, die im unterschiedlichen Ausmaß von ihrer autistischen Störung betroffen sind und zu einem unterschiedlichen Zeitpunkt im Laufe ihres Lebens diese Diagnose gestellt bekommen haben. Die bisweilen geäußerte Überlegung, dass eine autistische Störung eine relative Kontraindikation für den Beginn der Hormonbehandlung darstelle, wird dem einzelnen Menschen wenig gerecht. Es gilt doch vielmehr, im therapeutischen Prozess aufzuarbeiten, welche Bedeutung die spezifischen Einschränkungen aufgrund einer autistischen Störung (oder Persönlichkeitsstörung oder Depression) für den Einzelnen in seiner Entwicklung und Identitätsbildung haben. Es sollte erarbeitet werden, ob und in welcher Weise eine Interaktion zwischen den diagnostizierten psychischen Störungen und dem Erleben der Geschlechtsinkongruenz besteht. Karla hat über die Diagnose des Asperger-Autismus eine Erklärung für all das gefunden, was in ihrem Leben anders gelaufen ist.

Es ist heute nicht absehbar, ob Karla in späteren Zeiten das Thema der eigenen Geschlechtlichkeit noch einmal beschäftigen wird, offensichtlich sind zurzeit andere Themen wichtiger. Theo und Julia hingegen haben ihr »Anderssein« bearbeitet, ohne dass sich an ihrem grundlegenden Gefühl der Ablehnung der als falsch empfundenen körperlichen männlichen oder weiblichen Entwicklung etwas geändert hat.

Fazit

Ich möchte mit meinen Überlegungen zu den Inhalten der therapeutischen Arbeit mit Trans*Jugendlichen dazu beitragen, dass mehr niedergelassene Psychotherapeut_innen sich der Begleitung und Behandlung dieser Menschen widmen, denn hier besteht schon heute ein großer Bedarf, und die Nachfrage steigt weiter.

Die Hürde, sich gegenüber anderen als transident, genderfluid, non-binary oder queer zu outen, scheint gesunken zu sein – das ist gut. Doch das Coming-out bedeutet für viele Trans*Menschen immer noch eine außerordentliche Belastung. Dies liegt vor allem an den gesellschaftlichen Bedingungen, die leider bei Weitem nicht so sind, wie sie sein sollten. Diskriminierung und Ignoranz gegenüber Trans*Menschen sind weit verbreitet. Nicht jeder Trans*Jugendliche erfährt trotz eines eindeutigen Rechtsanspruchs Hilfe und Wohlwollen bei der Umsetzung der gewünschten Alltagserprobung.

Leider schließen die ablehnenden Erfahrungen auch das Gesundheitswesen mit ein. Während einer stationären Behandlung in der Kinder- und Jugendpsychiatrie werden trotz bestehender Alltagserprobung der Wunschname und das gewünschte Personalpronomen nicht verwendet oder die Aufnahme wird abgelehnt mit der Begründung, dass man nicht wisse, wie die oder der Trans*Jugendliche unterzubringen sei. Hier gilt es, Aufklärungsarbeit zu leisten, das Bewusstsein der zuständigen Institutionen zu schärfen, Berührungsängste abzubauen und das Betreuungsangebot zu erweitern.

Glücklicherweise ist auch die Schwelle zu einer Inanspruchnahme psychotherapeutischer oder kinder- und jugendpsychiatrischer Hilfe gesunken. Wir begleiten in unseren Praxen in zunehmenden Maße

Jugendliche, die relativ am Anfang ihres Identitätsfindungsprozesses stehen und die mit dem Wunsch nach Klärung des eigenen geschlechtlichen Erlebens den Zugang zum therapeutischen Angebot suchen. Andere Jugendliche sind sich ihres Erlebens sicher und leben zum Teil schon Jahre sozial in dem gefühlten Geschlecht.

Transidentität ist eine Variante der Identitätsentwicklung und muss unabhängig von psychischer Erkrankung oder Gesundheit betrachtet werden. Gesellschaftlich befinden sich Trans*Jugendliche allerdings durchaus in einer besonderen Situation mit vielfältigen Herausforderungen – sie sind weit mehr Belastungen ausgesetzt als ihre Altersgenoss_innen.

Es geht mir darum, die Sicherheit im Umgang auch mit schwierigen Situationen in der therapeutischen Begleitung zu erhöhen. Hier halte ich praktische Fallbeispiele für besonders geeignet, um das theoretische Wissen in der Anwendung zu vertiefen und an einer Erfahrung teilzuhaben, die sich ansonsten erst im Laufe vieler Behandlungen als Grundstock des eigenen therapeutischen Verständnisses herausbildet.

In jedem der beschriebenen Fälle war das Beteiligtsein an der intensiven Auseinandersetzung eines oder einer Jugendlichen mit so intimen Themen wie der geschlechtlichen Identität und Sexualität sowie den Möglichkeiten, mit sich und der Gesellschaft einig zu leben, eine außergewöhnliche therapeutische Erfahrung, für die ich mich bedanke und die ich allen interessierten Therapeut_innen nahelegen möchte.

Literatur

Arbeitskreis OPD-KJ-2 (Hrsg.) (2016). OPD-KJ-2. Operationalisierte Psychodynamische Diagnostik im Kindes- und Jugendalter. Grundlagen und Manual (2. Aufl.). Bern: Hogrefe.

AWMF – Arbeitsgemeinschaft der Wissenschaftlich Medizinischen Fachgesellschaften e. V. (2018). Geschlechtsinkongruenz, Geschlechtsdysphorie und Trans-Gesundheit. S3-Leitlinie zur Diagnostik, Beratung und Behandlung, Stand 10/2018, publiziert bei AWMF online, http//www.awmf.org/leitlinien/detail/ll/138-001.html (21.11.2020).

De Vries, A. L., Noens, I. L., Cohen-Kettenis, P. T., van Berckelear-Onnes, I. A., Doreleijers, T. A. (2010). Autism spectrum disorders in gender dysphoric children and adolescents. Journal of Autism Development Disorders, 40 (8), 930–936.

Deutscher Ethikrat (2020). Forum Bioethik. Trans-Identität bei Kindern und Jugendlichen: Therapeutische Kontroversen – Ethische Orientierungen. https://www.ethikrat.org/forum-bioethik/trans-identitaet-bei-kindern-und-jugendlichen-therapeutische-kontroversen-ethische-fragen (24.11.2020).

Ehrensaft, D. (2016). The gender creative child: Pathways for nurturing and supporting children who live outside gender boxes. New York: The Experiment.

Goth, K., Schrobildgen, C., Schmeck, K. (2018). Das Inventar OPD-KJ-2-SF (Operationalisierte Psychodynamische Diagnostik im Kindes- und Jugendalter – Strukturfragebogen). Deutschsprachige Version: Ein Fragebogen zur Selbstbeantwortung für die Erfassung der Persönlichkeitsstruktur im Jugendalter – Kurzbeschreibung. Offenbach: Academic-tests. http://www.academic-tests.com.

Güldenring, A. (2009). Phasenspezifische Konfliktthemen eines transsexuellen Entwicklungsweges. Psychotherapie im Dialog, 10 (1), 25–31.

Güldenring, A. (2013). Zur »Psychodiagnostik von Geschlechtsidentität« im Rahmen des Transsexuellengesetzes. Zeitschrift für Sexualforschung, 26, 160–174.

Güldenring, A., Bundesverband Trans*, Haki Kiel (2019). Wenn Behandlung zur Gefahr wird – BVT* und Haki warnen vor Backlash bei Gesundheitsversorgung von trans*Personen, Presseerklärung online. https://www.bundesverband-trans.de/wenn-behandlung-zur-gefahr-wird (21.11.2020).

Günther, M., Teren, K., Wolf, G., (2019). Psychotherapeutische Arbeit mit Trans*Personen. München: Reinhardt.

Korte, A. (2020). Lost in Transition: Geschlechtsdysphorie im Kindes- und Jugendalter. Vortrag gehalten im Rahmen des Forums Bioethik: Trans-Identität bei Kindern und Jugendlichen: Therapeutische Kontroversen – Ethische Orientierungen. https://www.ethikrat.org/forum-bioethik/trans-identitaet-bei-kindern-und-jugendlichen-therapeutische-kontroversen-ethische-fragen (24.11.2020).

Meyenburg, B. (2019). Paradigmenwechsel in der Transidentitätssprechstunde. Themenheft Genderfluid. Kinderanalyse, 27 (1), 39–52.

Meyenburg, B. (2020). Geschlechtsdysphorie im Kindes- und Jugendalter. Stuttgart: Kohlhammer.

Meyenburg, B., Korte, A., Möller, B., Romer, G. (2013). S1-Leitlinie: Störungen der Geschlechtsidentität im Kindes- und Jugendalter, Stand 08/2013, Deutsche Gesellschaft für Kinder- und Jugendpsychiatrie, Psychosomatik und Psychotherapie. https://docplayer.org/7992140-028-014-s1-leitlinie-stoerungen-der-geschlechtsidentitaet-im-kindes-und-jugendalter-akuteller-stand-08-2013-awmf-register-nr-028-014-klasse-s1.html (31.05.2021).

Möller, B., Güldenring, A., Wiesemann, C., Romer, G. (2018). Geschlechtsdysphorie im Kindes- und Jugendalter. Themenheft Geschlechtsidentität und Vielfalt. Kinderanalyse, 26 (3), 228–263.

Pastersky, V., Giligan, L., Curtis, R. (2014). Traits of autism spectrum disorders in adults with gender dysphoria. Archives of Sexual Behavior, 43 (2), 387–393.

Preuss, W. F. (2016). Geschlechtsdysphorie, Transidentität und Transsexualität im Kindes- und Jugendalter. München: Reinhardt.

Quindeau, I. (2014). Geschlechtsidentitätsentwicklung jenseits starrer Zweigeschlechtlichkeit. Praxis der Kinderpsychologie und Kinderpsychiatrie, 63, 437–448.

Rauchfleisch, U. (2016). Transsexualität – Transidentität. Begutachtung, Begleitung, Therapie (5. Aufl.). Göttingen: Vandenhoeck & Ruprecht.

Rauchfleisch, U. (2019). Transsexualismus – Genderdysphorie – Geschlechtsinkongruenz – Transidentität. Der schwierige Weg der Entpathologisierung. Göttingen: Vandenhoeck & Ruprecht.

Reiche, R. (1997). Gender ohne Sex. Geschichte, Funktion und Funktionswandel des Begriffs »Gender«. Psyche – Zeitschrift für Psychoanalyse und ihre Anwendungen, 51 (9), 926–957.

Resch, F. (2017). Selbstverletzung als Selbstfürsorge. Zur Psychodynamik selbstschädigenden Verhaltens bei Jugendlichen. Göttingen: Vandenhoeck & Ruprecht.

Romer, G. (2020). Therapeutische und ethische Prinzipien für die Behandlung von Jugendlichen mit Geschlechtsdysphorie. Vortrag im Rahmen des Forums Bioethik: Trans-Identität bei Kindern und Jugendlichen: Therapeutische Kontroversen – Ethische Orientierungen. https://www.ethikrat.org/forum-bioethik/trans-identitaet-bei-kindern-und-jugendlichen-therapeutische-kontroversen-ethische-fragen (24.11.2020).

Seiffge-Krenke, I. (2017). Die Psychoanalyse des Mädchens. Stuttgart: Klett-Cotta.

Seiffge-Krenke, I., Escher, F. (2020). Der Konfliktfragebogen: Multiperspektivische standardisierte Erfassung der intrapsychischen Konflikte nach OPD-KJ-2. In I. Seiffge-Krenke, S. Schmeck (Hrsg.), Diagnostische und therapeutische Arbeit mit der OPD-KJ-2 (S. 182–186). Göttingen: Vandenhoeck & Ruprecht.

Stoller, R. J. (1968). Sex and gender. The development of masculinity and feminity. New York: Science House.

UN-Kinderrechtskonvention (1989). Übereinkommen über die Rechte des Kindes. https://www.kinderrechte.de/kinderrechte/un-kinderrechtskonvention-im-wortlaut (24.11.2020).

WHO – World Health Organization (2018). International statistical classification of diseases and related health problems, 11th revision (ICD-11). Geneva: WHO.